Katrin und Frank Hecker

Steine Federn Muscheln

Naturkunst mit Kindern

Haupt

Katrin und Frank Hecker

Steine Federn Muscheln

Naturkunst mit Kindern

Haupt Verlag Bern Stuttgart Wien

IMPRESSUM

Fotos: Frank Hecker
Lektorat: 360°, D-Berlin
Layout: Susanne Nöllgen/
GrafikBüro, D-Berlin

Bibliografische Information der Deutschen Bibliothek:
Die Deutsche Nationalbibliothek verzeichnet diese Publikation in der Deutschen Nationalbibliografie; detaillierte bibliografische Daten sind im Internet über http://dnb.d-nb.de abrufbar.

ISBN 978-3-258-60007-9

www.haupt.ch

INHALT

Spontane Naturkunst

Geplante Naturkunst

Ohne Fremdmaterialien/ -werkzeuge

Mit Fremdmaterialien/ -werkzeugen

Die Kunst ist die Schwester der Natur ...

... sagt ein altes Sprichwort. Tatsächlich dient die Natur mit ihren mannigfaltigen Formen vom kunstvoll gewebten Spinnennetz über die perfekte Spirale des Schneckengehäuses bis zum Verzweigungsmuster filigraner Baumgeäste und sich schlängelnder Wasserläufe als unendliche Inspirationsquelle. An Material finden wir hier alles vor, was das Herz begehrt, ob weich oder hart, trocken oder feucht, kalt oder warm: Erde liefert gleichzeitig formbaren Ton, rieselnden Sand und natürliche Erdfarben (siehe S. 58).

Schroffe Steine laden zum Werkeln uriger Trolle ein, spitze Steine fordern unser Geschick im Stapeln heraus, biegsame Zweige lassen sich zu Nestern und Körben verflechten, aus Ästen bauen wir Klangspiele oder fantasievolle Baumhäuser, duftende Blumen lassen sich zu sommerlichen Bildern verweben, aus weichem Moos werden Zwergengärtchen und aus Schnee lässt sich viel mehr bauen als ein Schneemann. Beim Experimentieren mit verschiedenartigen Naturmaterialien spüren die Kinder sich selbst und be„greifen“ spielerisch Zusammenhänge. Dabei lassen Steine, Äste, Moos und Blätter Raum für eigene Vorstellungen und stimulieren Fantasie und Kreativität.

Hinzu kommt eine atemberaubende Farbpalette: von feinen Graubrauntönen im Winter über erstes, zartes Violett und Gelb im Frühjahr bis zum sommerlichen Klatschmohn-Rot, Ringelblumen-Orange und Kornblumen-Blau. Der Herbst verwöhnt uns dann mit wärmeren, erdigen Gelb-, Orange-, Rot- und Brauntönen.

Hinausgehen, mit Kindern die vielfältigen Formen, Materialien, Farben und Möglichkeiten der Natur zu allen Jahreszeiten entdecken und daraus fantasievolle Naturkunstwerke schaffen – welch ein Genuss.

Naturkunstwerker ...

... sind richtige Schatzsucher

Für ihre Ausflüge benötigen sie neben Leinenbeuteln zum Transportieren ihrer Schätze vor allem tolerante Eltern. Dank so manchem „leeren“ Schneckenhaus kroch später bei uns dann doch ein Tierchen aus der Hosentasche, und als Knut eines Tages stolz einen mitgebrachten Maulwurfhaufen aus seinem Rucksack auf dem Küchenboden ausbreitete („Allerbester Schwarz-Boden!“), hielt sich unsere Begeisterung ehrlich gesagt in Grenzen.

Das sinnlich Greifbare erleben

Doch mehr als irgendwo sonst können unsere Kinder beim Werkeln mit Naturmaterialien wie Erde, Steinen, Wurzeln, Blättern, Blumen, Ästen und Früchten das für die kindliche Entwicklung so wichtige sinnlich Greifbare erleben und erforschen. Wichtige Voraussetzung ist hierbei, dass wir von den Kindern keine perfekten Ergebnisse erwarten. So verzichten wir bewusst auf feste Zielvorgaben. Bei Naturkunstwerkern gibt es, anders als bei Bastelvorlagen, kein „richtig“ oder „falsch“, vielmehr geht es hierbei um das Tun selbst. Darum, „das künstlerische Schaffen als beglückende, befreiende und Erfolg bringende Beschäftigung kennenzulernen“, wie es Prof. Peter Nagel, Kunsterzieher an der Muthesius Kunsthochschule in Kiel formuliert. Denn perfekte Vorgaben und strenge Qualitätskontrollen, so wissen wir heute, blockieren den kindlichen Antrieb für den Geist, weiterzudenken, umzuformen und kreative Ideen zu entwickeln. So sollten wir fertige Naturkunstwerke auch niemals bewerten. Denn das Gestalten selbst ist wichtiger als das Ergebnis.

... und Landschaftskünstler

Im Unterschied zu Naturkunstwerken, die wir meist zu Hause unter Zuhilfenahme von Fremdmaterialien wie Kleber, Schnüren oder Nägeln erstellen, werkelt der Landschaftskünstler

ohne jegliche Hilfsmittel, einfach draußen in freier Natur. Dabei entstehen oft feinfühlige Kunstwerke, eingebettet in die umgebende Landschaft, die sich durch ihre Vergänglichkeit auszeichnen – und dadurch, dass wir sie nicht mit nach Hause nehmen können.

Im Augenblick versinken

Die Landschaftskunst kann uns und unseren Kindern sehr intensive Erlebnisse der Nähe eröffnen – zur Natur und auch zu uns selbst. Indem wir alle Gedanken des Alltags abstreifen und uns auf die Umgebung, auf unser Tun einlassen, gelingt es, ein Teil der Landschaft zu werden, ganz im Hier und Jetzt zu versinken. Ein Zustand, der als äußerst erholsam empfunden wird. Es gibt nichts, was wir bereits können müssten, um zum Landschaftkünstler zu werden. Und wir brauchen dazu nicht mehr als uns selbst, Zeit, Freiraum und Ruhe.

Kindern gelingt es beneidenswert leicht, alles um sich herum zu vergessen und komplett in ihrem Tun zu versinken. Wir Erwachsenen müssen dazu oft erst unser immerwährendes „Kopfkino“ abschalten.

Woher kommt die Inspiration?

Die Idee für ein Landschaftskunstwerk ergibt sich meist von allein – durch die Möglichkeiten und das Material, das die Natur am Strand, im Wald oder auf der Wiese der Jahreszeit und den Witterungsbedingungen entsprechend für uns bereithält. Will sich keine gute Idee zeigen, so hilft es, einen Moment zu verweilen. Vertrauen Sie darauf, dass bestimmte Orte uns aus unerklärlichen Gründen besonders anziehen und dass die Inspiration sich hier von allein einstellen wird. Einen guten Trick können wir uns auch bei unseren Kindern abschauen: „Einfach mal anfangen", etwas zu legen, zu sammeln, zu stecken – der Rest ergibt sich meist von selbst.

Was macht ein Naturkunstwerk schön?

Im Grunde sind Landschaftskünstler viel mit Sortieren und Umordnen beschäftigt. Klare Formen, Linien und Symmetrien wie Kreise, Spiralen und Schlangenlinien heben sich in der Regel besonders gut von der umgebenden Landschaft ab. Konzentrieren Sie sich dabei auf möglichst wenige Materialien. Versuchen Sie, fließende Übergänge zu schaffen – von klein nach groß, von hell nach dunkel oder innerhalb verschiedener Farben.

Woher Klebstoff, Farben und Schnüre nehmen?

Auch ein Landschaftskünstler ist darauf angewiesen, bestimmte Materialien miteinander verbinden zu können. Gute Naturklebstoffe sind feuchte Erde, insbesondere Lehm, Wasser und natürlich Schnee. Zum Verknoten eignen sich Rankenpflanzen, manche Gräser und am Strand angespülte Algen, zum Verflechten sind biegsame Zweige wie Weidenruten hervorragend geeignet, aber auch lange, schmale Blätter wie die von Rohrkolben oder Schilf. Um Blumen oder Blätter miteinander zu verbinden, ritzen wir mit dem Fingernagel den einen Blumen- oder Blattstängel an, fädeln hier den nächsten angeritzten Stängel hindurch und immer so weiter (siehe S. 48). Schöne Farben liefern zerquetschte Früchte und Blätter (siehe S. 102), Holzkohle, Ziegelsteine und Erde (siehe S. 60).

Nützliches für Nützlinge

Diese Arbeiten rufen seit Jahren bei vielfachen Anlässen immer wieder Begeisterung hervor: Ob als Wochenend-Werkelei für die ganze Familie, auf Kindergeburtstagen, im Rahmen von Projektwochen der Schule oder als Aktion auf Festen für Kinder und Jugendliche aller Altersklassen – der Bau von Wildbienen-Nisthilfen ist einfach der Hit. Und nach der Arbeit kommt erst das wahre Vergnügen: Dann können wir beobachten, wie die nützlichen, schönen und keinesfalls gefährlichen Wildbienen in ihr neues Zuhause einziehen. Ein spannendes Beobachtungsfeld für kleine und große Naturforscher und ein wichtiger Beitrag zum Naturschutz.

Wildbienen
Kindergarten

Material

- Baumscheiben (10–20 cm dick)
- Holzreste (Balken, Bretter)
- Akkubohrer ▪ Gartenschere
- Blumentöpfe, Tonröhren, Dosen, Holzkisten ▪ Schilf oder andere hohle Pflanzenstängel ▪ Rinde ▪ Lehm
- Blumendraht, Schnur und fester Draht zum Aufhängen ▪ Hammer, Nägel und Krampen ▪ ungiftige Farben

Viele nützliche Wildbienen benötigen Ritzen in trockenem Holz, hohlen Stängeln oder Lehm, wo sie ihre Eier ablegen können. Dazu geben sie einen kleinen Nahrungsvorrat aus Pollen oder Räupchen und stopfen dann, als Schutz vor Feinden, die Ritze sorgsam mit Lehm zu. In ihrer warmen, trockenen Brutkammer wachsen die Larven heran und schlüpfen im nächsten Frühjahr als fertige Wildbienen heraus.

Nisthilfen aus Baumscheiben

Ganz einfach ist der Bau einer Nisthilfe aus einer Baumscheibe: Mit dem Akkubohrer werden Löcher in verschiedenen Größen (ca. 2–11 mm Durchmesser für unterschiedlich große Wildbienenarten) gebohrt. Dann befestigt man mit Hammer und Krampen einen Aufhängedraht daran (siehe auch nächste Doppelseite).

Nisthilfen aus Schilf

Schneiden Sie die Schilfhalme auf dieselbe Länge (ca. 15–20 cm). Das fertige Bündel kann entweder mit Blumendraht, Schnur oder Rinde umwickelt und aufgehängt oder aber in eine Dose oder Tonröhre gesteckt werden.

Nisthilfen aus Lehm

Der Lehm wird gut angefeuchtet, in Blumentöpfe (mit der Öffnung nach vorn aufhängen) oder fertige Holzkisten gegeben und festgestampft. Größere Kinder zimmern sich auch gern Holzkisten aus Brettabschnitten. In den Lehm piekten wir mit verschieden dicken Stöcken Gänge. Aber nicht überall. Manche Wildbienen knabbern sich ihre Höhle lieber selbst. Bevor die Nisthilfe aufgehängt wird, sollte der Lehm 2–3 Wochen durchtrocknen.

Richtig aufgehängt

Der beste Platz für Wildbienen-Nisthilfen ist eine nach Süden ausgerichtete Hauswand mit einem Dachüberstand, der sie vor Regen schützt. In der Nähe sollten möglichst viele Blumen blühen, die den Wildbienen Nektar und Pollen bieten.

Bunt und kreativ

Diese Wildbienen-Nisthilfen haben Kinder auf einem Geburtstag nach ihren eigenen Vorstellungen gezimmert und bemalt. Bei einem Insektenhotel bekam sogar jede Einflugöffnung eine eigene Hausnummer. So kann genau Buch geführt werden, welches Loch bereits besetzt ist.

Können Wildbienen stechen?

Sie könnten schon – tun es aber nicht. Diese Schornsteinwespe ließ sich beim faszinierenden Bau ihres „Schornsteins“ aus nur wenigen Zentimetern Entfernung von unseren Kindern beobachten. Natürlich sollten Sie Ihre Kinder darauf hinweisen, dass Wildbienen nicht gestreichelt oder angefasst werden wollen. Wildbienen sind übrigens niemals an der Kaffeetafel lästig.

Weidenkorb & Osternest

Einen Weidenkorb flechten – das klingt zunächst kompliziert und zu schwierig für Kinder. Doch wird der geflochtene Boden durch eine einfache Baumscheibe ersetzt, gelingt die Flechtarbeit schon kleineren Kindern ab drei Jahren. Diese ebenso simple wie ästhetische Technik bietet der kindlichen Kreativität und Fantasie unendliche Möglichkeiten.
Unsere eigenen Kinder lassen sich seit vielen Jahren immer wieder davon begeistern, Frederike liebt es, aus Weidenzweigen und Baumscheiben Ställe und Gehege für ihre Spielzeugtiere zu werkeln. Und zu Ostern flechten die Kinder mit dieser Technik gern ein Osternest, das sie mit Moos auskleiden und im Garten verstecken: Mal schauen, ob der Osterhase es findet und etwas Gutes hineinlegt.

Material

▪ Baumscheibe, Durchmesser ca. 15–20 cm (Sägewerk) ▪ Akkubohrer oder Handbohrer mit ca. 6-mm-Bohraufsatz (je nach Dicke der Weidenzweige) ▪ Gartenschere ▪ Holzleim ▪ reichlich frisch geschnittene, biegsame Weidenruten (Durchmesser ca. 0,5–1 cm)

Den Boden vorbereiten

Zuerst werden in regelmäßigen Abständen mit dem Akkubohrer oder Handbohrer (mühsam) Löcher rings um den Rand der Baumscheibe gebohrt. Sie sollten ca. 1 cm vom Rand entfernt sein und einen Abstand von etwa 4 cm haben. Ganz wichtig: Es muss eine ungerade Anzahl Löcher sein (vorher mit Bleistift aufzeichnen), damit sich beim Flechten ein gleichmäßiger Übergang zwischen dem Ende der einen und dem Anfang der nächsten Runde gibt.

Das Grundgerüst schaffen

Die dünnen Seitenzweige der Ruten werden abgeschnitten und die Blätter entfernt. In die Löcher der Baumscheibe geben wir je einen Tropfen Holzleim und stecken die dickeren Weidenruten hinein. Die Länge ergibt sich daraus, wie hoch der Korb werden soll. Für ein Osternest genügt eine Länge von ca. 5 cm, Frederike wollte die Ruten ihres Weidenkorbes gern lang überstehen lassen.

TIPP

Die Ruten am Anfang lieber etwas länger lassen und erst zum Schluss kürzen, so rutschen die Zweige beim Flechten nicht so leicht heraus.

So wird geflochten

Nun werden die dünnen Weidenzweige vom Boden aus eingeflochten. Und zwar führen wir den Weidenzweig immer abwechselnd vor einer Rute und anschließend hinter der darauffolgenden Rute entlang. Und so weiter und so fort. Die Dichte und Höhe des Flechtwerks hängt allein vom Geschmack des Weidenbauers und natürlich von dessen Ausdauer ab. Das Ende eines Zweiges verschlingen wir jeweils zwischen dem Flechtwerk, ebenso den Anfang eines neuen Zweiges.

TIPP

Lassen Sie Ihren Kindern bei der kreativen Gestaltung Ihres Weidenflechtwerks freien Lauf. Vielleicht möchten sie ein kleines Fenster einbauen oder eine höhere Seitenwand flechten, vielleicht soll der Osterkorb lieber ein Indianer-Tipi (siehe S. 90) werden oder ein Stall für Spielzeugtiere?

Totempfahl

… als Familienwappen

Wie kaum ein anderes Kunstwerk wurden die indianischen Totempfähle nicht zuletzt seit *Winnetou* gründlich missdeutet. Denn tatsächlich haben die meisten nichts mit Marterpfählen zu tun. Vielmehr dienten sie indianischen Familien spätestens seit dem 15. Jahrhundert als Wappenpfähle. Hier wurden Ereignisse hineingeschnitzt, die für die Familien von besonderer Bedeutung waren, und auch ihre „Totems“: Tiere und Pflanzen, denen sich die Familie besonders verbunden fühlte und die sie beschützen sollten. So erzählen manche Totempfähle ganze Geschichten – gelesen werden sie von unten nach oben.

Material

... zum Schnitzen und Malen:

■ Baumscheiben (Förster/Sägewerk) ■ Stechbeitel oder Stecheisen ■ Holz- oder Gummihammer ■ Filzstift ■ wetterfeste Abtönfarbe ■ Wassergefäß ■ Pinsel und Gefäße, um Farben abzufüllen und zu mischen (Muschelschalen, leere Joghurtbecher etc.) ■ evtl. Malkittel (die Farben müssen wetterfest sein und sind somit nicht auswaschbar)

Die Idee, unseren eigenen Wappenpfahl zu schnitzen, kam uns im nahen Erlenbruchwald. Wir benötigten den unteren Stammabschnitt einer Erle, um daraus einen Tischfuß zu bauen. Aber auch mit dem Rest des Erlenstammes sollte etwas Besonderes geschehen – wir wollten nicht einfach Feuerholz daraus machen. In Scheiben gesägt war er allerdings schon. Das war nicht unpraktisch: Erstens konnten wir so den schweren Stamm leichter abtransportieren. Zweitens hatte jedes Familienmitglied die Möglichkeit, seinen ganz persönlichen Stammabschnitt zu schnitzen. Die Herausforderung bestand darin, den Stamm hinterher wieder stabil zusammenzusetzen.

Ein Thema finden

Das Großprojekt „Totempfahl Bau“ ist für Familien, Kindergärten, Schulklassen und Jugendfreizeiten gleichermaßen attraktiv. Kleinere Kinder können ihre Baumscheiben einfach bunt bemalen. Schön ist es, wenn ein bestimmtes Thema, das alle Beteiligten berührt, wie ein roter Faden den Totempfahl durchzieht. Da wir an einem Flüsschen zu Hause sind, an dem die Kinder regelmäßig Sumpfschildkröten, Eisvögel, Fische und Fledermäuse zu sehen bekommen, war unser Thema schnell gefunden.

Die freie Umsetzung

Die Umsetzung des Themas brachte dann doch einige Überraschungen mit sich: Uns wurde bewusst, dass für die Kinder neben den Wildtieren nicht nur unsere Haustiere und der Fluss selbst eine zentrale Rolle spielen, sondern auch Sonne und Sterne, Gewitter und

überirdische Wesen wie Engel offensichtlich allgegenwärtig sind.
Während der Großmutter als Imkerin und Gärtnerin Biene und Zaunkönig besonders nahstehen, verblüffte unser Großvater mit Schnitzereien von Elefant und Stier: Tiere, die in seinem Leben immer wieder auftauchten und nie an Bedeutung verloren.
Und für uns Biologen selbst überraschend, veränderte sich unsere Art, Tiere und Pflanzen darzustellen. So mutierte das Farnblatt kurzerhand zum Körper und bekam einen Fischkopf. Und wo eben noch ein kleiner Ast störend aus der Baumscheibe ragte, schaute uns plötzlich verschmitzt ein Waldtroll entgegen.

Entrinden

Das Entrinden der Baumscheiben geht ganz einfach, wenn man den Trick erst einmal gefunden hat: Man darf weder zu dünn noch zu dick schälen. An einer bestimmten Stelle, genau dort, wo die glatte, helle Holzschicht unterhalb der Rinde beginnt, lässt sie sich mit dem Stechbeitel in größeren Stücken abschälen. Das haben die Kinder schnell selbst entdeckt.

Schnitzen

Zuerst haben wir die Umrisse mit Filzstift auf die entrindete Baumscheibe aufgemalt. Da nach dem Ablösen der Rinde das Holz feucht ist, lässt sich die Zeichnung durch Verwischen mit den Fingern leicht korrigieren. Nun beginnt man, mit Stecheisen und Holzhammer kleine Holzstücke herauszumeißeln. Am besten immer vom äußeren Rand zur Mitte hin, um den Umriss zu schützen.

Malen

Die fertigen Schnitzereien werden zum Schluss ausgemalt. Es genügt, wenn Sie hierfür lediglich die Farben Weiß, Gelb, Rot, Blau und Schwarz kaufen. Lassen Sie die Kinder mit diesen Farben experimentieren und testen, wie daraus Rosa, Grün oder Braun gemischt werden kann.

Der „Kopf“

Soll der Totempfahl auch einen Kopf bekommen? Bei den indianischen Völkern trugen die Totempfähle oft kunstvoll geschnitzte Vogelköpfe von Raben oder Adlern. Baumwurzeln ergeben schön urige Köpfe. Für unseren Totempfahl haben wir den oberen Stammabschnitt einer frisch geköpften Weide verwendet, ihre Zweige wurden zu Stoppelhaaren umfrisiert.

Totempfahl

Material

... zum Aufstellen des Totempfahls:
Spaten und Schubkarre ▪ 1–2 Säcke Fertigzement (oder Zement und Sand) ▪ Maurerbütt zum Anmischen und Wasser ▪ Wasserwaage ▪ 2 Holzleisten (ca. 50 cm lang) ▪ Schlossschrauben (Länge ca. 15 cm) ▪ Bohrmaschine mit Lochbohr-Aufsatz (entsprechend dem Durchmesser des Besenstils) ▪ Besenstiel o. Ä. ▪ Stichsäge ▪ Holzleim ▪ Plastikplane

Den Totempfahl aufstellen

Je höher der Totempfahl, desto wichtiger ist die sichere Verankerung im Boden und die Verbindung der einzelnen Teile miteinander.

Das Fundament

Für einen ca. 3 m hohen Totempfahl sollte das Betonfundament einen Durchmesser und eine Tiefe von etwa 60 cm haben. Die ausgehobene Grube wird nach Anweisung mit einem Gemisch aus Zement, Sand und Wasser oder mit angerührtem Fertigzement aufgefüllt.

... in Waage bringen

Legen Sie nun jeweils eine Holzleiste so an die beiden gegenüberliegenden Kanten des Fundaments, dass die unterste Baumscheibe darauf aufliegen kann. Platzieren Sie die Wasserwaage auf der Baumscheibe: Sie sollte waagerecht aufliegen.

Die unterste Baumscheibe präparieren

Ist sichergestellt, dass die Auflagefläche für die unterste Baumscheibe waagerecht ausgerichtet ist, nehmen Sie diese wieder herunter, um sie für die Verankerung im Fundament zu präparieren. Dazu befestigen Sie beispielsweise lange Schlossschrauben an der Unterseite der Baumscheibe – alte, ausgediente Kleiderhaken tun es auch. Hauptsache, sie ragen möglichst weit und stabil ins Zementfundament hinein.

... auflegen

Nun legen Sie die unterste Baumscheibe wieder auf die Leisten. Die Verankerungen drücken sich dabei in den Zement und sind nach dem Aushärten fest darin verankert.

... und das Fundament aushärten lassen

Es dauert etwa eine Woche, bis der Zement durchgetrocknet ist. Bedecken Sie das Fundament so lange mit einer Plastikplane. Je langsamer es trocknet, desto weniger Risse entstehen. Zum Schluss stülpen Sie vorsichtshalber die Maurerbütt darüber, damit Haustiere und Kinder einen großen Bogen um das noch empfindliche Konstrukt machen.

Stück für Stück aufbauen

Sägen Sie mit der Stichsäge den Besenstiel in 6–8 cm lange Stücke. Mit dem Lochbohraufsatz der Bohrmaschine bohren Sie jeweils in die Ober- und Unterseite jeder Baumscheibe ein Loch, das dem Durchmesser des Besenstiels entspricht. Geben Sie etwas wetterfesten Holzleim ins Loch und stecken Sie ein Besenstielstück hinein. Nun setzen Sie die nächste Baumscheibe so darauf, dass der Besenstiel genau passt.

Mit Schrauben sichern

Damit der Totempfahl stabil bleibt, haben wir vorsichtshalber die jeweils übereinanderliegenden Baumscheiben durch lange Schrauben miteinander verbunden. Die ersten Stürme hat unser Wappenpfahl bereits schadlos überstanden.

6 7 8 9 10 11
KNUT
KOMT
3 4 5 6 7
DUNKEL

Sonnenuhr & Vogeluhr

Die Sonne zeigt uns, wie spät es ist: Denn je nach Sonnenstand wirft das Sonnenlicht den Schatten an einer anderen Stelle. Eine Sonnenuhr können die Kinder auch ohne Vorbereitung einfach im Sommer am Strand oder in der Sandkiste bauen – sie müssen nur eine Uhr zum Zeitabgleich zur Verfügung haben. Unsere Sonnenuhr im Blumentopf findet sogar auf dem kleinsten Balkon Platz.

Material

- Tontopf (Durchmesser ca. 30 cm) ▪ wasserfester Filzstift ▪ Sand ▪ Stöckchen oder Federn ▪ Steine, Muscheln o. Ä. ▪ Uhr zum Ablesen der Zeit ▪ evtl. Kompass ▪ ... und natürlich Sonnenschein!

Wo ist hier Norden?

Zuerst legen die Kinder fest, wo an ihrer Sonnenuhr Norden sein soll. Hier malen sie mit Filzstift ein großes N an die Topfseite. An der gegenüberliegenden Seite ist also Süden – hierhin schreiben sie ein großes S. Nun muss die Sonnenuhr auch so ausgerichtet werden. Bei der Bestimmung der Himmelsrichtung hilft ein Kompass.

Ziffernblatt und Stundenzeiger

Mit einem Steinchen wird das Loch im Blumentopfboden verstopft. Dann kann er mit Sand befüllt werden. In die Mitte stecken die Kinder senkrecht ihren Stundenzeiger. Das kann ein Stöckchen sein, ein Bleistift oder eine Feder.

Die Zeit einstellen

Zu jeder vollen Stunde schauen die Kinder, wo ihr Stundenzeiger seinen Schatten am Topfrand wirft. Die Uhrzeit markieren sie mit Filzstift.

Besondere Zeiten markieren

Besonders wichtige Zeiten (Schulschluss, Mittagessen, Spielzeit) bekommen eine Extramarkierung in Form eines Steinchens oder einer Muschel, die beschriftet oder bemalt werden konnen.

Die Zeit ablesen

Ist die Sonnenuhr fertig, müssen nur noch die Daumen gedrückt werden, dass morgen auch wieder die Sonne scheint, damit die Kinder die Uhrzeit an ihrer Sonnenuhr ablesen können.

Die Vogeluhr

Das Sonnenlicht und die Tageszeit bestimmen nicht nur unseren Lebensrhythmus, sondern auch den vieler Tiere. So erwacht jede Vogelart morgens zu einer ganz bestimmten Helligkeit und trällert ihren Begrüßungsgesang. Manche Vögel sind dabei richtige Langschläfer! Da jede Vogelart anders singt, können Vogelstimmen-Kenner anhand der Vogelstimmen auch mit geschlossenen Augen erkennen, wie spät es ungefähr sein muss.

Je nach Breitengrad, Jahreszeit und Lebensraum

Zu welcher Uhrzeit genau die Vögel mit ihren Morgengesängen beginnen, ist abhängig vom Breitengrad und von der Jahreszeit: So geht die Sonne bei uns in Mitteleuropa Mitte April etwa um 6.00 Uhr auf, Mitte Mai bereits um 5.30 Uhr und Mitte Juni schon um 5.00 Uhr. Dementsprechend beginnen die Vögel immer früher mit ihrem Gesang. Weiter südlich, in Richtung Äquator, verschiebt sich der Moment des Sonnenaufgangs nach hinten, weiter nördlich, in Richtung Nordpol, nach vorn. Geht also die Sonne in der Schweiz um 5.30 Uhr auf, so scheint sie in Norddeutschland bereits seit 40 Minuten. Am intensivsten sind die Vogelgesänge in den Monaten März bis Mai, wenn die Vögel einen Partner werben und in der anschließenden Brutzeit ihr Revier abgrenzen.

Welche Vogelarten es genau sind, die man hört, hängt natürlich vom Lebensraum ab. Mitten in der Stadt wird uns am ehesten der Hausrotschwanz wecken, im Wald das Rotkehlchen und auf der Wiese die Feldlerche. Die hier vorgestellten Arten kann man aber fast überall hören.

Gleich danach ertönt der Flötengesang der Amseln.

Das Rotkehlchen beginnt bereits eineinhalb Stunden vor Sonnenaufgang mit seinem Gesang.

Unvergleichlich schön ist der nächtliche Gesang der Nachtigall. Im Frühjahr hört man ihn oft die ganze Nacht hindurch.

Kurz nach Sonnenuntergang erklingen schaurig-schöne Laute – der Waldkauz ist aufgewacht!

Pünktlich zum Sonnenaufgang schmettert der Buchfink sein kurzes Stakkato.

Er kann fast jeden Vogelgesang imitieren – und sogar bauchreden. Der Star beginnt damit pünktlich zehn Minuten nach Sonnenaufgang.

Ein richtiger Langschläfer ist der Buntspecht. Sein Trommeln hört man erst, wenn die Sonne schon höher am Himmel steht.

Die Mönchsgrasmücke wird aktiv, wenn die meisten Frühaufsteher schon wieder Mittagspause machen.

Wenn die Sonne hoch am Himmel steht, singt die Goldammer.

Mit ihrem Gesang läutet die Singdrossel den Abend ein.

Schon gewusst?

Bei fast allen Vögeln singen nur die Männchen. Zu einem unvergleichlichen Männerkonzert kommt es im Frühjahr in den 20–40 Minuten während der Morgendämmerung – dann singen mehr Vögel als zu irgendeiner anderen Tageszeit. Am Abend ertönt noch einmal der Gesang vieler Vögel. Mit Einbruch der Dunkelheit verstummen die meisten Arten, außer Eule und Nachtigall.

Blumenbild

Wenn Weg- und Ackerränder und auch der eigene Garten voll blühender Blumen sind, ist der richtige Zeitpunkt, um ein Blumenbild zu weben. Lassen Sie Ihre Kinder einmal erforschen, wie viele verschiedene Farben und Blütenformen es gibt. Ganz wichtig: Schnuppern nicht vergessen, damit unser Bild auch richtig schön nach Sommer duftet!
Selbstverständlich pflücken wir nur dort, wo sehr viele Blumen einer Art blühen. So ist gewährleistet, dass sich diese Blumen hier weiter verbreiten können und auch im nächsten Jahr wieder blühen. Wo Wegränder ohnehin regelmäßig gemäht werden, dürfen wir ruhig pflücken. Natürlich können auch Fundstücke wie Moos, Federn, Schneckenhäuser oder Rindenstückchen in das Blumenbild geflochten oder gesteckt werden – das sieht sehr schön aus.

Material

- Gräser und Blumen, evtl. Federn, Schneckenhäuser o. Ä.
- 4 Stöcke (20–30 cm lang), evtl. kleine Handsäge oder Gartenschere
- Hammer und 4 Nägel
- Wolle, Paketschnur o. Ä.

Den Rahmen vorbereiten

Zuerst legen wir die vier Stöcke zu einem Rahmen zusammen. An den Ecken verbinden wir die Stöcke jeweils mit einem Nagel. Damit dieser das Holz nicht spaltet, schlagen wir vorher zunächst einmal kurz mit dem Hammer auf die Spitze des Nagels. Sind alle vier Ecken fest verbunden, kann man sie noch mit Wolle umwickeln, das sieht hübscher aus und bringt zusätzlich Stabilität. Nun wird die Wolle immer abwechselnd um den unteren und den oberen Ast des Rahmens gewickelt, bis der ganze Rahmen ausgefüllt ist. Das Ende gut festknoten.

Weben

Nun können Gräser, Blumen und Fundstücke in die Wollfäden eingewebt werden. Dabei wird jeder Halm abwechselnd erst unter und dann über den nächsten Wollfaden geschoben und immer so weiter. Zum Schluss knoten wir noch ein Stückchen Wollfaden als Aufhängung am oberen Bildrahmen fest. Fertig ist unser Blumenbild, das uns noch lange an diesen blumenreichen Sommertag erinnern wird.

TIPP

Wenn Sie das Bild hin und wieder mit Wasser einsprühen, bleibt es länger frisch.

Fensterbild

Fensterbilder aus gepressten Blüten und Blättern, auf Pergamentpapier geklebt und in einem selbst gebastelten Rahmen aus Stöckchen aufgehängt, sind ebenso simple wie effektvolle Naturkunstwerke. Schon beim eifrigen Sammeln in der Natur haben die Kinder viel Spaß und lernen, auf verschiedene Farben und Formen von Blumen und Blättern zu achten. Zu Hause werden die Schätze in einer Blumenpresse oder einem alten Telefonbuch gepresst und getrocknet. Nach ca. einer Woche können die Kinder daraus ihre fantasievollen Fensterbilder kleben. Während bei Knut „Libellenelfen" aus Krokussen durch die Lüfte schweben, schuf Frederike ein blumiges Zuhause für geheimnisvolle Waldfeen.

Material

- gepresste Blüten oder Blätter
- 4 Stöcke
- Gartenschere
- Hammer und 4 Nägel
- stabile Unterlage, auf der gehämmert werden darf (altes Holzbrettchen)
- Wolle oder Schnur
- 2 Bogen stabiles Pergamentpapier (z.B. Architektenpapier aus dem Schreibwarengeschäft)
- Klebestift
- Locher

Einen Rahmen bauen

Das geht wirklich kinderleicht: Jeweils zwei Stöcke auf dieselbe Länge zuschneiden und dann die vier Stöcke zu einem Bilderrahmen übereinanderlegen (der Rahmen sollte in der Größe zum Pergamentpapier passen). In jede Ecke wird nun ein Nagel geschlagen.

TIPP

Vorher mit dem Hammer kurz auf die Spitze des Nagels schlagen, so verhindert man, dass der Nagel das Holz spaltet!

Das Pergament zuschneiden

Nun werden zwei Blätter Pergament so zugeschnitten, dass sie genau gleich groß sind und in den Rahmen hineinpassen. An den Rändern müssen zum Rahmen hin jeweils etwa 2 cm Luft bleiben.

Das Bild kleben

Jetzt kann ein Pergamentblatt mit Blüten oder Blättern beklebt werden. Dabei sind der Fantasie natürlich keine Grenzen gesetzt.

Das Bild rahmen

Sobald das Bild fertig ist, werden die Ränder des Pergaments mit Klebstoff bestrichen und das zweite Blatt Pergament wird passgenau darauf festgeklebt. Diese „Deckschicht" schützt das Kunstwerk vor dem Verstauben und verleiht ihm eine neblig verschwommene, geheimnisvolle Wirkung. In jede Ecke wird ein Loch gestanzt: Mit Bändern knoten die Kinder nun ihr Kunstwerk im Rahmen fest.

Die Aufhängung

Ein langes Band, am oberen Stöckchen festgeknotet, dient als Aufhängung für das Fensterbild. Sieht das nicht toll aus?

TIPP

Im Herbst lassen sich wunderschöne Fensterbilder aus buntem Herbstlaub fertigen. Während die leuchtenden Farben mancher Blüten leider nach und nach verblassen, bleiben Herbstblätter meist länger schön bunt.

Duftende Blütenkränze

Der Sommermacher

Der Holunder begleitet uns schon seit Menschengedenken. Als Wohnort von Naturgöttern und -geistern war er unseren Vorfahren, den Germanen und Kelten, als Kultpflanze heilig, und unsere Großväter brauchten keinen Kalender, um zu bemerken, wann der Sommer begonnen hatte: Sobald der Holunder seine umwerfend duftenden Blütenschirme öffnete, war Sommerbeginn – egal ob es noch Ende Mai oder schon Mitte Juni war. Noch heute gilt die Blüte des Holunders nach dem sogenannten phänologischen Kalender als verlässliches Anzeichen für den Sommeranfang. Uns dient der Holunder mit seinen aromatischen Blüten und den schwarzen, Ende August reifen Holunderbeeren als unverzichtbare und leckere Hausapotheke am Wegesrand. Für unsere Kinder ist dieser magische Strauch ein wunderbarer Naturspielwarenladen, der Pusterohre, Holunderketten (siehe S. 98) und Blütenkränze bereithält.

Pflücken Sie die Blütendolden mit möglichst langen Stängeln, damit der Kranz nachher länger frisch bleibt. Mit dem Fingernagel ritzen Sie den Stängel einer Blütendolde an.
In diesen Schlitz stecken Sie den Stängel der nächsten Dolde. Nun ritzen Sie wiederum diesen Stängel an und stecken den nächsten hinein. So entsteht nach und nach eine Blütendoldenkette. Zum Schluss einfach den Stängel der ersten Dolde mit dem der letzten Blütendolde verbinden. Fertig ist der Holunderkranz! Wer ihn nicht mehr tragen möchte, hängt ihn zu Hause zum Trocknen auf. Die getrockneten Blüten, in einem Papiertütchen trocken gelagert, ergeben im Winter einen guten, schweißtreibenden Tee, der das Immunsystem stärkt.

TIPP

Blütenkränze lassen sich aus fast allen weitverbreiteten, langstieligen Blüten binden. Gut geeignet sind z. B. Gänseblümchen und Löwenzahn. Bitte hierfür keine seltenen Wiesenblumen pflücken!

Wohnsitz der Feen

In Frankreich heißt es, in jeder Blütendolde des Holunders wohne eine Fee. Kein Wunder, bei dem unglaublichen Duft! Und man kann sie sogar essen: Einfach die gewaschenen Blütendolden in Pfannkuchenteig tauchen und frittieren oder braten. Diese Holunderküchlein gelten als Kultspeise zur Zeit der Sommersonnenwende um den 21. Juni. Es heißt, wer am meisten davon isst, kann am höchsten über das Sonnenwendfeuer springen.

Fantasievögel

Ideen für Naturkunstwerke finden sich oft direkt vor unseren Füßen: am Wegesrand, im Wald oder am Bach. Besonders geformte Äste, Holzstücke, Steine oder Federn inspirieren die kindliche Fantasie: „Schau mal, ein Geier!“ oder „Guck hier, ein Elfenpalast!“ Ermuntern Sie Ihr Kind, dies und das einzusammeln und daraus zu Hause kleine Naturkunstwerke zu schaffen. Dazu braucht es kaum mehr als etwas Kleber, Schleifpapier und Wasserfarben. Am meisten Spaß macht es natürlich, wenn jeder etwas sammelt und alle zu Hause gemeinsam werkeln.

Fantasievögel

Material

▪ Stöcke, Äste, Federn und andere Naturschätze ▪ Alleskleber (sollen die Vögel draußen „wohnen", sollte er wasserfest sein) ▪ Holzfeilen und Schleifpapier ▪ evtl. Handbohrer

Ein recht lieblos abgesägter Fichtenstamm am Waldesrand weckte die Neugier der Kinder: Einige abgebrochene Äste hatten tatsächlich richtige „Vogelschnäbel". Die mussten natürlich mit nach Hause. Nun hatten wir auch endlich eine Verwendung für die vielen Vogelfedern, die schon seit Langem auf ihren Einsatz warteten. Die Federn ließen sich leicht in verschiedene Ritzen unter der Rinde schieben. Zusätzlich gaben wir noch etwas Klebstoff hinein. Wo geeignete Ritzen fehlten, bohrten wir mit einem Handbohrer vorsichtig kleine Löcher in die Äste. Aus Eicheln wurden Augen, und Knut verlängerte seinen „Geierschnabel" spontan noch mit dem Kuhhorn, das er schon einige Zeit in seiner Schatzkiste aufbewahrte.

Klangspiel

Für viele Kinder ist es eine überraschende Erfahrung, dass einfache Stöckchen tatsächlich klingen – und zwar jedes ein bisschen anders. Schon früh kam der Mensch auf den Gedanken, aus Stöcken Musikinstrumente wie Blockflöten und Xylophone herzustellen. Auch wir können gemeinsam mit unseren Kindern ganz leicht Musikinstrumente bauen. Das Material hierfür liegt vor unseren Füßen im Wald herum. Lassen Sie die Kinder verschieden dicke und unterschiedlich lange Stöcke und Äste suchen: Durch einfaches Aufeinanderschlagen können sie ausprobieren, wie welches Stöckchen klingt. Schnell kommen die Kinder dabei auf die Idee, schon unterwegs einfache Rhythmen zu spielen und gemeinsam kleine Stücke zu „komponieren". Warum nicht einmal zusammen mit Buntspecht und Meise Musik im Wald machen? Zu Hause können die Kinder aus ihren Fundstücken ein richtiges Klangspiel herstellen.

Material

- 2 dickere und ca. 6 dünnere Äste
- stabile Schnur (z. B. Paketschnur)
- dickere Schnur zum Aufhängen
- Handsäge ■ Hand- oder Akkubohrer

In Form bringen und auf Länge sägen

Zunächst werden die Äste entsprechend der gewünschten Form des Klangspiels am Boden ausgelegt. Dabei bilden jeweils ein quer liegender Ast am oberen und am unteren Ende den Abschluss. (An diesen Ästen werden zum Schluss die Klanghölzer oben und unten befestigt.) Nun die Klangäste auf die richtige Länge sägen.

Löcher bohren

In jeden der Klangäste bohren die Kinder jeweils am oberen und unteren Ende ein Loch. Außerdem müssen so viele Löcher in die quer liegenden Äste gebohrt werden, wie Klanghölzer daran befestigt werden sollen. Beim Bohren braucht man unbedingt jemanden zum Festhalten der Äste.

ACHTUNG: Bei dieser Arbeit benötigen kleinere Kinder Ihre Hilfe, denn allzu leicht rutscht der Bohrer auf den runden Ästen ab.

Auffädeln

Ein etwa 15 cm langes Stückchen Schnur wird nun durch jedes der Löcher an den Klangästen gefädelt. Damit befestigen wir diese an den dickeren Ästen oben und unten.

Bereit zum Musizieren

Nun fehlt nur noch die dicke Schnur zum Aufhängen des Klangspiels. Wenn wir in einen besonders guten Schlägel ein Loch bohren, können wir diesen jederzeit griffbereit neben dem Klangspiel aufhängen.

Malen mit Erdfarben

Das Malen mit Erdfarben geht bis in die schriftlose Frühgeschichte der Menschheit zurück. Unsere unmittelbaren Vorfahren, die Cro-Magnon-Menschen, hinterließen vor rund 35.000 Jahren in Ermangelung von Schriftzeichen kunstvolle Malereien aus Erdfarben an Höhlenwänden. Diese sind teilweise bis heute erhalten, wie z. B. in der berühmten Höhle von Lascaux, die im Jahr 1940 zufällig von Jugendlichen entdeckt wurde: Eigentlich wollten sie „nur" ihren Hund retten, der in einem Erdloch verschwunden war.
Aus Erde Farbe zu machen und damit zu malen, ist denkbar einfach und eine wunderbar kreative Tätigkeit, die unsere eigenen und viele andere Kinder begeistert aufnahmen und weiterentwickelten: Bald kamen sie auf die Idee, auch Äste ihrer Baumhöhlen mit den schönsten Erdtönen zu verschönern …
Schon die Materialsuche sensibilisiert uns für die feinen Farbtönungen und Strukturen unserer Erde. Dabei finden sich die wunderbarsten Rot- und Ockertöne oftmals direkt am Wegesrand.

Material

- Plastiktüten zum Sammeln der Erde
- Erde (Sand, Blumenerde, Lehm, Waldboden …) in verschiedenen Farben
- leere Marmeladengläser
- Messbecher
- Tapetenkleister oder Speisequark
- Wasser
- Stöckchen zum Umrühren
- unterschiedlich dicke Borstenpinsel
- Karton, Stoff oder Holz zum Bemalen

Farben am Wegesrand

Kaum fängt man an, nach verschiedenen Erdfarben zu suchen, da entdeckt man sie plötzlich fast überall. Leuchtete die ausgetrocknete Pfütze tatsächlich schon immer in diesem wunderbaren Weinrot? Und der Hang am Waldrand, dieses satte Ockergelb, war es wirklich schon immer da? Blumenerde ergibt ein schönes Schwarz, Sandkistensand ein helles Beige, der Belag vom Sportplatz ein feines Ziegelrot … Schicken Sie ihre Kinder einfach mal auf die Suche, denn sie haben in der Regel ein besonders gutes Auge für Schätze in Bodennähe. (Tüten zum Sammeln und Transportieren der Erde nicht vergessen!)

Kleister oder Quark

Das älteste, uns bekannte Bindemittel für Erdfarben nennt sich Kasein. Dahinter verbirgt sich nichts anderes als ein Gemisch aus Quark und Kalk – Zutaten, die den Menschen bereits in prähistorischer Zeit zur Verfügung standen. So wurde Kasein in Höhlenmalereien nachgewiesen, aber auch an kunstvollen Fassaden altägyptischer und chinesischer Bauwerke. Die einfachste Art, Erdfarben zu mischen, besteht darin, sie einfach mit einigen Esslöffeln Quark und Wasser anzurühren. Genauso gut funktioniert es, bereits angerührten Tapetenkleister in die Erde zu mischen.

So geht es

Befüllen Sie ein Marmeladenglas zu einem Drittel mit Erde. Möchten Sie ein gleichmäßiges Pulver, passieren Sie die Erde durch ein Küchensieb. Doch gerade größere Stücke von anderer Konsistenz wie Steinchen, Erdklumpen und Holzstücke ergeben auf dem Gemälde oftmals besonders interessante Effekte. Geben Sie nun entweder 1 Esslöffel Speisequark und ca. 4 Esslöffel Wasser hinzu (je nach gewünschter Konsistenz nehmen Sie mehr Quark oder mehr Wasser). Oder rühren Sie in einer Schüssel Tapetenkleister nach Anweisung an (ca. 1 Teil Tapetenkleister auf 10 Teile Wasser) und geben Sie ihn zur Erde ins Marmeladenglas. Gut umrühren – fertig ist die Erdfarbe. Fest verschlossen ist sie einige Monate haltbar.

Der richtige Untergrund

Wichtig ist, dass der Untergrund stabil ist und nicht so leicht durchweicht, denn Erdfarben bringen ein anderes Gewicht auf die Waage als normale Wasserfarben. Sehr schön geeignet sind Stofftücher (Nesselstoff). Näht man die Oberkante um, kann ein Stock als Aufhängung hindurchgeschoben werden. Aber auch fester Karton, glatte Baumrinde, Holz oder Äste sind gut zum Bemalen mit Erdfarben geeignet. Bitte beachten Sie, dass Erdfarben länger zum Trocknen brauchen als Wasserfarben.

Sinn für Strukturen und Linien

Das Malen mit Erdfarben stellt etwas andere Anforderungen an die Motorik und Kreativität der Kinder als herkömmliche Tusche: Die breiige Masse lässt sich schwerer verteilen, außerdem steht den Kindern eine begrenztere

Farbauswahl zur Verfügung. Da ist es umso wichtiger, an den Strukturen und Linien zu arbeiten – eine Herausforderung, die Kinder liebend gern annehmen.

TIPP

Um mehr Farbe ins Spiel zu bringen, dürfen die Kinder natürlich auch Blüten, Gräser oder bunte Blätter in ihre Bilder einarbeiten.

Bodypainting mit Erdfarben

Das Bemalen des Körpers mit farbigen Materialien praktiziert der Mensch schon seit Urzeiten: Die Steinzeitmenschen vermischten hierfür farbige Erden mit pflanzlichen Ölen oder Tierfetten. Große Bedeutung besaß die Körperbemalung bei Naturvölkern wie den Indianern, den Ureinwohnern Papua-Neuguineas oder den neuseeländischen Maori. Eingeweihte können an der Bemalung ablesen, welches Ansehen der Träger genießt. Auch zu besonders festlichen Anlässen wurden Gesicht und Körper bemalt.

Körperfarben selbst gemacht

Da sind garantiert keine Gifte drin: Rühren Sie die Erde einfach mit Wasser an – schon kann die Körperbemalung beginnen, entweder mit dem Pinsel oder den Händen. An einem warmen Tag macht diese Aktion Kindern viel Spaß, und die Farbe lässt sich mit dem Gartenschlauch einfach wieder abspritzen.

Farben aus Stein & Kohle

Ziegelsteine ergeben, mit der Bohrmaschine angebohrt, ein feines Farbpulver. Kinder können Ziegelsteinbruchstücke mit dem Hammer auf einer Steinplatte zu Pulver verarbeiten. Aus Holzkohle gewinnt man durch Mörsern oder Zerreiben zwischen einem flachen und einem runden Stein ein sattes Schwarz. Asche vom letzten Lagerfeuer liefert schöne Grau- und Weißtöne.

Steinzeitpinsel selbst gemacht

Für Kinder ist es faszinierend, nicht nur ihre Farben selber herzustellen, sondern auch ihre Pinsel. Die einfachste Art, einen Pinsel selbst zu bauen, besteht darin, das Ende eines Weidenzweiges mit einem Stein flach zu schlagen: So fasert das Holz zu einem ganz brauchbaren Pinsel auf. Wer ein Stückchen Fell übrig hat oder einige Vogelfedern, der bindet diese mit einem Stück Schnur an einem Stock fest – fertig sind die Steinzeitpinsel, die überdies überraschende Effekte beim Malen garantieren.

Meeresschildkröte & Meerjungfrau

Strände sind viel mehr als eine wunderbare, riesengroße Sandkiste: Sie bilden den wichtigen Übergang zwischen Leben im Meer und Leben an Land. So brauchen viele Meerestiere Strände, um dort ihre Jungen zu bekommen. Seehunde suchen alljährlich abgelegene Sandbänke auf, um ihre Heuler zu gebären, und jedes Jahr kriechen im Sommer unbemerkt die großen, geheimnisvollen, bis über 100 kg schweren Meeresschildkröten an Land, um ihre Eier im warmen Sand zu vergraben. Die Sonne brütet die Jungen aus. Eines Nachts schlüpfen gleichzeitig Hunderte winziger, junger Meeresschildkröten, schaufeln sich aus dem Sand frei und laufen, so schnell sie können, ins schützende Meer.

Muster malen mit Sand

Jede Nacht wird hier ein Teil des Strandes vom Meer überflutet. Wind, Salz und Sonne lassen die oberste Sandschicht zu einer festen Kruste erstarren. Aus dieser Kruste legten die Kinder die Muster des Schildkrötenpanzers. Auf dem Körper aus dunklerem Sandmatsch hebt sich heller, trockener „Zuckersand" gut ab. Füllt man ihn in eine Plastiktüte, in die man unten ein kleines Loch schneidet, können die Kinder damit Muster malen und schreiben.

Kleine Meerjungfrau

Wer weiß, wie viele geheimnisvolle Wesen das Meer noch in sich birgt? Diese schöne Meerjungfrau jedenfalls war am nächsten Morgen verschwunden. Ob die Wellen sie ins Meer gespült haben?

Steinmosaik

Viele Strände hoch oben im Norden Dänemarks sind übersät mit flachen, weißen Kalksteinen.
Am Strand, in dessen Nähe wir eine Woche der Sommerferien verbrachten, gab es so viele, dass wir sie schon bald nicht mehr beachteten. Denn diese Gegend war vielmehr bekannt für ihre Fossilien: Viele Strandsucher – ebenso wie wir – hielten nah der Wasserkante Ausschau nach versteinerten Seeigeln, die hier nicht selten vom Meer an Land gespült werden.
Deshalb bemerkten wir zunächst gar nicht, womit Frederike, in sich selbst versunken, beschäftigt war. Geduldig und exakt Formen und Größen vergleichend, setzte sie die kreuz und quer herumliegenden und für diese Landschaft so typischen Kalksteine zu einem wunderschönen Mosaik zusammen.

Zeitlos

Wir wissen nicht, wie lange Frederike schon an ihrem Mosaik gearbeitet hatte, bevor wir ihr ruhiges Tun entdeckten. Doch gemessen an der Zeit, die sie noch brauchte, um ihr Werk unter unseren neugierigen Blicken zu vollenden, muss es lange gewesen sein. Jeder einzelne Stein wurde sorgfältig von ihr ausgesucht, geprüft und für gut befunden – oder auch nicht, was häufiger vorkam. Frederike zählt sicher zu den von Kunsterzieher Prof. Peter Nagel (siehe S. 9) so treffend beschriebenen Künstlernaturen, die das Präzise und Akkurate lieben und hierfür oft erheblich mehr Zeit benötigen als die von ihm so liebevoll titulierten „Malschweine".

Finden oder bearbeiten?

Manchmal ließ sich trotz geduldiger Suche einfach kein passender Stein finden. Da machte sich Frederike die zerbrechlichen Eigenschaften des porösen Kalksteins zunutze: Sie begann, gezielt Kanten an einem Stein abzuschlagen oder auch abzuschaben.

Fertig oder unvollendet?

Irgendwann kommt der Zeitpunkt, da ist ein Kunstwerk für den Künstler fertig. Wir haben nie wirklich begriffen, wann das ist. Jedenfalls offensichtlich nicht dann, wenn man keine Lust mehr hat oder das Material aufgebraucht ist. Aus heiterem Himmel klopfte sich Frederike die Hände sauber und meinte selbstzufrieden: „So, fertig." Ein letzter Blick auf das kleine Naturkunstwerk, ein letztes Foto: Irgendwie war es nun tatsächlich fertig.

Fundstückemobile

Naturbelassene Strände bieten schier unerschöpfliche Ressourcen für große und kleine Schatzsucher, denn regelmäßig spült die Brandung die wunderbarsten Dinge an den Strand: Muschelschalen in verschiedenen Formen und Farben, gewundene Schneckengehäuse, rund gewaschene Steine, Krebszangen, farbenprächtige Algen, glatt geschliffenes Treibholz und vieles, vieles mehr. Dass ansprechende Naturkunst nicht immer nur aus natürlichen Materialien bestehen muss, davon konnten wir uns an einem abgelegenen italienischen Sandstrand überzeugen: Hier hinterließen unbekannte Naturkünstler ein herrliches Strandgutobjekt.

Die Kunst des Knotens

Als passionierte Naturkünstler haben wir natürlich fast immer ein Stückchen Schnur und ein Taschenmesser im Rucksack – man weiß ja nie! Die Herausforderung besteht nun darin, beides nach Möglichkeit nicht zu benutzen. Zumindest dann nicht, wenn wir ein Kunstwerk in der Natur zurücklassen möchten. Manche Gräser und Binsen lassen sich ganz gut verknoten, mit Ranken von Hopfen oder Wein geht es auch und, wie wir von Knut am dänischen Sandstrand lernten: Es funktioniert sogar mit angespülten Algen! Er schaffte es, an den Strand gespülte, von Wind und Sonne getrocknete Algenfäden geduldig durch ein winziges Löchlein im Gehäuse einer Wellhornschnecke zu fädeln: „Du musst bloß eine ganz dünne Spitze finden, dann klappt das schon!"

Treibholz

Angeschwemmte Hölzer üben eine besondere Faszination aus: Weich gewaschen in vielen Jahren, die sie im Meer trieben, und ausgeblichen von sengender Sonne, ist jedes Stück ein echtes Unikat. So fand schon manch schönes Stück den Weg in unser Haus – als dekorative Ablage, als Mobile oder einfach als Hingucker. Aus solchem Treibholz und ebenso aus Stöcken und Ästen, die im Wald oder auf Wiesen herumliegen, lassen sich ohne viel Aufwand fantasievolle Mobiles gestalten.

Schatz für Schatz

Lassen Sie sich überraschen, was für Schätze Ihre Kinder für ihr Mobile heranschaffen, und versuchen Sie nach Möglichkeit, diese nicht zu bewerten. Im Wald werden sie vielleicht Federn eines frisch gerupften Vogels oder ein paar alte Knochen sammeln und kein Strandmobile kommt ohne eine übel riechende Krebszange aus. Im Alltag ist es ja unumgänglich, unsere Kinder zu reglementieren – gönnen wir ihnen und uns beim kreativen Schaffen doch eine Atempause! Ein feuchter Lappen oder eine Packung Desinfektionstücher im Rucksack sorgen dabei für Gelassenheit und Entspannung.

Hühnergötter

Steine, die ein natürlich entstandenes, durchgehendes Loch aufweisen, bezeichnet man von alters her als „Hühnergötter". Meist handelt es sich dabei um Feuersteine, deren Kalkeinlagerungen nach und nach vom Wasser herausgewaschen wurden. Hühnergötter findet man häufig an Stränden von Ost- und Nordsee, wo sie von Touristen gern als Talisman gesammelt und mit nach Hause genommen werden. Ein alter Glaube besagt, dass ein am Hühnerstall aufgehängter Hühnergott das Geflügel vor Poltergeistern beschützen soll – so kamen die Steine zu ihrem Namen. Auch in Pferde- und Kuhställen soll so ein Hühnergott die Tiere vor Hexen und bösen Geistern schützen.

Strandkunstwerke

Am Strand kann man nicht nur baden und im Sand spielen. Unsere Kinder lieben es, am Strand entlangzuschlendern, nach allem Möglichem Ausschau zu halten und Dinge einzusammeln und mit nach Hause zu nehmen. Doch ein mit Steinen beladener Rucksack ist zum Tragen oft zu schwer und manch eine Krebszange duftet zu Hause nicht gerade angenehm. Als Knut eines Tages so viele davon sammelte, dass sie in seinen beiden Händen keinen Platz mehr fanden, ermunterten wir ihn, daraus doch ein (am Strand verbleibendes) Naturkunstwerk zu schaffen. Seither vergeht kaum ein Strandspaziergang, ohne dass die Kinder nicht selbstversunken mit ihren Schätzen spielen, sie sortieren, arrangieren und ausprobieren, wie sie sich zu einem Ganzen zusammenfügen lassen. So erzählt jedes ihrer kleinen Naturkunstwerke seine eigene Geschichte.

Stapeln und Verkeilen

Steine aufeinanderstapeln, das klingt ganz einfach. Wer es einmal probiert hat, der weiß, wie heikel diese Angelegenheit in Wirklichkeit ist. Selbst scheinbar ebenmäßig flache Steine spielen uns ab einer gewissen Höhe gern einen Streich und der ganze Turm fällt plötzlich in sich zusammen. So sind Steintürmchen oft eine wahre Geduldsprobe für Naturkünstler. Hier ein guter Trick, um Stabilität zu erzielen: Größere Steine werden mit seitlich hineingeschobenen, kleineren und möglichst eckigen Steinen verkeilt.

Krabbenkämpferin

Rund gewaschene Steine aufeinander auszubalancieren, sollte man nur probieren, wenn man wirklich gut ausgeschlafen hat. An diesem Strandtag wollte Knut es unbedingt wissen. Im Spülsaum fand er einen schönen Stein, der mit langen, rötlichen „Algenhaaren" bewachsen war, und ein paar Krebszangen. Daraus sollte ein Steinmännchen gebaut werden. Wäre es nicht so unbedingt nötig gewesen, hätte Knut sicherlich nicht die Engelsgeduld aufgebracht, mit der er die rund gewaschenen, kippeligen Steine aufeinanderstapelte. Zum Verkeilen benutzte er statt kleiner Steine die Krabbenarme. So wuchs schließlich seine etwas unheimliche „Krabbenkämpferin" heran.

Steinbrücke

Ob am Strand, auf einem Waldweg oder auf einem einfachen Schotterparkplatz – Frederike liebt es, Steine zu sammeln, sie nach Besonderheiten, Größe und Farbe zu sortieren und daraus Häuser, Wege und Brücken für Elfen sowie Gehege für deren winzige Wildpferde zu legen.

Seebälle – vom Meer geformt

Insbesondere nach Frühjahrs- und Herbststürmen finden sich an vielen Stränden sonderbare runde, filzig-fasrige Bälle, die schon manchem Strandwanderer Rätsel aufgaben. Die münz- bis tennisballgroßen Bälle können mehr als 30 cm Durchmesser erreichen. Es handelt sich um sogenannte Seebälle: Sie bestehen aus herausgerissenen Fasern von am Meeresboden wachsenden Seegräsern, die von der Brandung zu eigentümlich symmetrischen Bällen gerollt werden.

Sand an den Füßen und Wind in den Haaren

Wenn wir ganz und gar in unserem Tun versinken, die Sorgen und Wünsche des Alltags vergessen, wenn unsere Gedanken nur im Hier und Jetzt bei unserer Tätigkeit weilen und die Zeit stillzustehen scheint, dann haben wir einen Zustand erreicht, den Psychologen als „Flow" bezeichnen. Unserer Erfahrung nach ist die Naturkunst am Strand besonders geeignet, diesen äußerst entspannenden Zustand zu erreichen.

Man muss nichts Besonderes dafür tun. Die Ruhe und Weite der Landschaft und das gleichmäßige Rauschen der Wellen, die salzige Luft, der Sand unter den Füßen und der Wind in den Haaren helfen uns, den Alltag loszulassen und ganz in unserem Tun zu versinken.

Kinder im „Flow“

Wie wir beobachtet haben, fällt es Kindern besonders leicht, den „Flow“-Zustand zu erreichen. Mit ihrer kindlichen Begeisterungsfähigkeit können sie offensichtlich ganz mühelos im Hier und Jetzt verweilen. Da wird nicht lange gegrübelt – sie legen einfach los und lassen sich von Ideen, die dabei entstehen, inspirieren oder probieren einfach eine neue Strategie aus. Ganz wichtig: Ratschläge von außen oder gar Kritik unterbrechen den „Flow“ – lassen Sie sich und Ihre Kinder einfach gewähren. Denn es geht bei der Naturkunst ja nicht um die Perfektion des fertigen Kunstwerks, sondern hauptsächlich um das Tun selbst.

Steinbrücke & Ritterfestung

Während einer Reise durch das Landesinnere Siziliens kamen wir an kilometerlangen Steinmauern vorbei – jede für sich ein nicht enden wollendes Kunstwerk mitten in der einsamen, kargen Gebirgslandschaft. Und jede sah ein bisschen anders aus: Manche zeigten fantasievolle Mauerkronen, andere regelrechte Muster im Gestein. Als wir am Abend Rast auf einer Schotterfläche machten, schleppten die Kinder unermüdlich Steine in ihren T-Shirts herbei. Während wir das Essen zubereiteten, begannen Knut und sein Freund Matthias zu schichten – erst häuften sie kleine Wälle auf, dann wurde kunstvoller gestapelt und schließlich versuchten sie sich sogar im Brückenbau. Für uns ist ihre „Ritterfestung mit Steinbrücke“ ein wunderbares Beispiel dafür, wie sensibel Kinder unterschiedliche Landschaften wahrnehmen. Solche kleinen Naturkunstwerke geben ihnen die Möglichkeit, Neues zu Verarbeiten und im wahrsten Sinne des Wortes zu (be-)greifen.

Learning by doing

Beim Tun etwas lernen, das uns keiner erklärte und das wir erst durch das Tun selbst erfahren – das können Kinder im Gegensatz zu uns Erwachsenen oft noch ganz unbeschwert. So lernten Knut und Matthias schnell, wie sich Steine stabil schichten lassen – und auch, wie es nicht funktioniert. Am verzwicktesten war die Konstruktion der Brücke. Mehrmals brach sie den Kindern kurz vor der Fertigstellung wieder zusammen. Dann hatten sie endlich den Trick raus. Welch erhebendes Gefühl, aus eigener Kraft, durch Überlegung und Ausdauer etwas geschafft zu haben! Kinder können kaum besser auf das Leben vorbereitet werden, als wenn sie früh lernen, Schwierigkeiten und Rückschläge als Anreiz zu nehmen, es noch einmal anders zu versuchen.

Ein Stück Kulturgeschichte

Von Schottland bis hinunter in die heißesten Gegenden Siziliens gibt es kaum einen von Menschen urbar gemachten, felsigen Landstrich, der nicht von Trockenmauern durchzogen wäre. Einst aus praktischen Erwägungen mühevoll und sorgsam geschichtet (die Steine störten auf Feldern und Wiesen, und geschichtet zu Mauern dienten sie gleichermaßen als Windschutz und Weidezaun), schätzen wir sie heute als ökologisch bedeutsame Landschaftselemente: Bei Tag speichern die Steine das kurzwellige Sonnenlicht und strahlen die Wärme am Abend bis in die Nacht hinein ab. So finden zahlreiche die Wärme liebende Tiere wie Eidechsen und Wildbienen in den Fugen und Ritzen Unterschlupf. In den vergangenen Jahrzehnten verschwanden in Mitteleuropa etliche Trockenmauern, beispielsweise aus den Weinbergen. Heute wird der Bau von Trockenmauern in vielen Regionen gefördert und großzügig finanziell unterstützt.

Baumhaus & Indianertipi

Auf einem Kindergeburtstag stellten wir den kleinen Gästen Material zur Verfügung, das sie zum Flechten eines Weidenkorbes (siehe S. 18) benötigten. Dazu bekamen sie noch etwas bunte Filzwolle, Wolle und Perlen. Wie meistens arbeiteten wir ohne feste Vorgabe und erklärten nur die Grundtechniken: wie man mit der Bohrmaschine umgeht, wie man die Weidenzweige in der Baumscheibe befestigt und anschließend flechten kann. Wir waren dann nicht wenig überrascht, als die Kinder statt eines Weidenkorbes die wunderschönsten Indianertipis bauten. Um diese tolle Idee in unser Buch aufnehmen zu können, fragten wir anschließend unsere eigenen Kinder, ob sie solche Indianertipis noch einmal bauen könnten, und stellten ihnen wieder die gleichen Materialien zur Verfügung. Sie überlegten kurz, liefen schnell in den Garten, schnitten sich einige dicke Haselstecken und begannen voller Eifer zu bauen: „Also meins wird doch eher ein Baumhaus", merkte Frederike schnell. Da freute sich Knut: „Ja, meins auch – mit Schaukel und Strickleiter!" Ganz ohne Hilfe ging es dann doch nicht, aber es wurden zwei wunderschöne Nachmittage, an denen Papa mit den Kindern zwei Baumhäuser baute, wenn auch nur ganz kleine. Wieder einmal lernten wir, dass Naturkunstwerke oft nicht planbar sind – sie geschehen einfach.

Material

- 2 Baumscheiben, ca. 2 cm dick, Durchmesser 20–30 cm und 10–15 cm (Sägewerk), oder 2 Brettreste in entsprechender Stärke und Größe
- biegsame Weidenruten, Durchmesser 0,5–1 cm, und dickere Haselstecken, Durchmesser ca. 2,5 cm
- evtl. Gräser mit langen Blättern, Rinde, Wolle, Filzwolle, Perlen
- evtl. Nägel oder Schrauben
- kleine Handsäge oder Astschere
- Gartenschere
- Akkubohrer oder Bohrmaschine mit verschieden dicken Bohraufsätzen
- Stichsäge (zum Aussägen der größeren Löcher in der Baumscheibe)
- schnell trocknender Holzleim

Fest verankert

Am wichtigsten ist beim Bau des Baumhauses die feste Verankerung des dicken „Baumstamms" in der Bodenplatte. Zunächst bohrten wir mit der Bohrmaschine ein Loch vor, um von hier aus mit der Stichsäge das Loch in der gewünschten Größe auszusägen. Dabei ist es günstig, etwas knapper auszusägen: So kann der Haselstecken fest hineingepresst werden. Da Holz beim Trocknen schrumpft, gaben wir zusätzlich etwas Holzleim ins Loch. Während Knut sein Baumhaus auf nur einem Haselstecken platzieren wollte, wählte Frederike hierzu zwei Astgabeln – hier klemmte sie einfach ihre kleinere Baumscheibe hinein. Knuts Baumhütte sicherten wir zusätzlich mit einer Schraube.

Flechten und Einrichten

Eine genaue Beschreibung zum Flechten der Weiden auf einer Baumscheibe finden Sie auf S. 20/21. Das Flechten und die Ausgestaltung des Baumhauses mit Strickleitern, Schaukeln, Dächern aus Rinde, Angelhalterungen oder was auch immer Knut und Frederike beim angeregten Bauen, Erfinden und Geschichtenerzählen einfiel, können die Kinder eigenständig bewerkstelligen.
Zu guter Letzt stellte Knut hochzufrieden fest, dass er eigentlich gar kein Baumhaus gebaut hatte, sondern ein Schiff mit Ausguck – und so mussten schnell noch Halterungen für die Angeln installiert werden.

Baumherz aus Stein

Großer stehender Bruder

Ein Baum streckt seine Arme hoch hinaus in die obere Welt, seine Füße wurzeln tief im Erdreich. Viele Naturvölker wie die Indianer Nordamerikas, die nordischen Kelten und die Ureinwohner Afrikas betrachteten Bäume ganz selbstverständlich und unabhängig voneinander als energiespendende Mittler zwischen Himmel und Erde: Mit den Wurzeln sind sie bei den Ahnen, ihr Geäst reicht in den Bereich der himmlischen Geister und der Stamm hat an den Sorgen der Lebenden teil. So war der Baum ihnen heilig und natürlich wohnte ihm eine Seele inne. Diese tiefe Verbundenheit zum Wesen Baum ist uns in unserer zivilisierten Welt weitgehend verloren gegangen. Doch werden unsere Kinder oft auf wunderbare Weise ganz unkompliziert, natürlich und spontan von diesen mächtigen Wesen angezogen.

Baumherz aus Stein

Morsche, innen hohle Bäume sind ein wunderbares Betätigungsfeld für kleine Naturkünstler. Da gibt es verwinkelte Zwergenhöhlen, moosumwachsene Feenpaläste und viele weitere verwunschene Höhlen und Formen. Wir waren eigentlich schon auf dem Heimweg, als die Kinder „den Baum mit dem halben Herzen" am Wegesrand entdeckten. Und zwar befand sich das „halbe Herz" direkt am Übergang zwischen Stamm und Wurzeln, da, wo der Baum aus unserer Erlebniswelt ins Erdreich abtaucht. Schnell war klar: „Dieser Baum braucht doch ein ganzes Herz!" Vom nahen Waldrand holten die Kinder Steine, um den Umriss des Herzens zu vervollständigen. Wie so oft, wenn man beginnt, sich in ein Naturkunstwerk zu vertiefen, war das erst der Anfang. Nein, so war das Herz noch nicht fertig. Es wirkte ja ganz kahl und leer. Da die Höhle sich im Baumstamm nicht fortsetzte und offensichtlich keine Tiere darin wohnten, durfte sie weiter mit Steinen ausgefüllt werden. War das Herz jetzt fertig? Nein, irgendwie schienen die Steine die Verbindung des Baumstamms zur Erde zu unterbrechen. Da fiel uns der grüne Moosrand auf, der das Herz am Stamm umgab. Als die Kinder jetzt das ganze Herz mit Moos umrandeten, war nicht nur das Herz komplett, sondern auch die Verbindung von Baum und Erde war wieder sichtbar. Mit einem guten Gefühl konnten wir nun nach Hause gehen.

Holunderkette

Was kann es Schöneres geben, als einen lauen Spätsommernachmittag im lichten Schatten eines Holunderbuschs zu verbringen? Als Frederike und ich uns aufmachten, um Holunderketten aus seinem feinen Holz zu fertigen, da vergaßen wir für einen Nachmittag beim Pulen, Plaudern, Schleifen und Färben vollkommen Zeit und Raum. Als wir heimkehrten, war es schon Abend. Unsere Ketten erinnern uns noch heute an diesen wunderbaren, friedlichen Nachmittagsplausch unter dem alten Holunderstrauch.

Holunder – der Baum der Frau Holle

Niemand Geringeres als die germanische Naturgöttin Holle, Beschützerin von Mensch und Tier, soll im Holunder zu Hause sein. Im bekannten Märchen der Gebrüder Grimm belohnt sie als „Frau Holle" die gute Goldmarie und bestraft die böse Pechmarie. Tatsächlich birgt der „Hollerstrauch" gleichzeitig das Lichte, Luftige in Form seiner weißlichen, süß duftenden Blüten (siehe S. 46) als auch das im Spätsommer erscheinende klebrige Schwarz in Form seiner Früchte. Sensible Menschen, die sich unter einem Holunderbusch aufhalten, spüren angeblich seine magische Ausstrahlung: Denn hier, nah der Erdgöttin Holle, sollen etliche Erdwesen wie Zwerge und Kobolde zugegen sein.

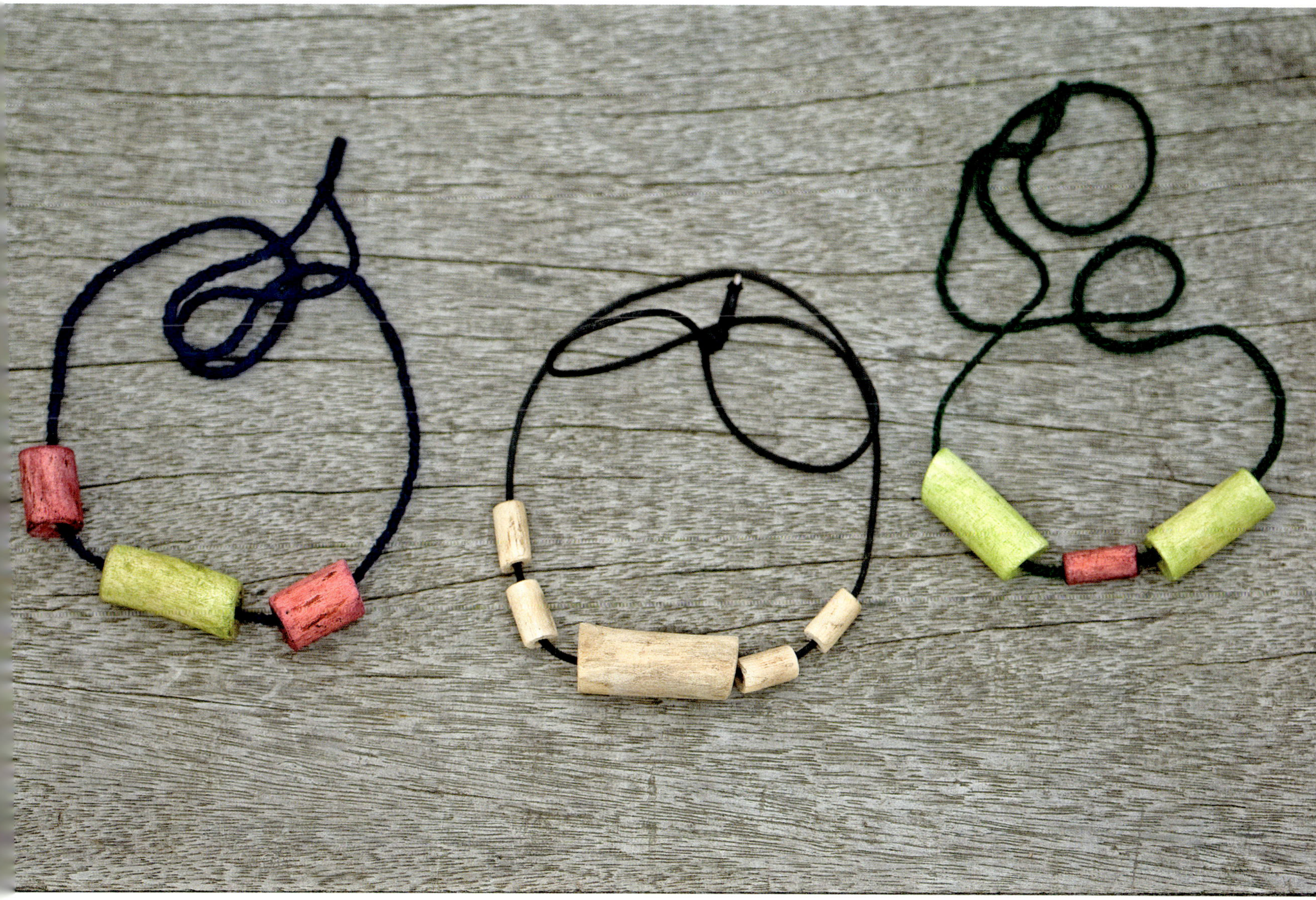

Holunderkette

Material

- Holunderstrauch, am besten mit Früchten
- feine Säge
- Schleifschwamm oder Schleifpapier
- Wollfäden

Das Werkstück sägen

Der Holunderzweig sollte frisch gesägt sein, nicht morsch oder von Flechten bewachsen. Am einfachsten zu bearbeiten sind Zweige von 1,5–2 cm Durchmesser. Davon sägen Sie Stücke beliebiger Länge ab, am besten geeignet sind Werkstücke zwischen 1–4 cm Länge.

Rinde und Holundermark entfernen

An den zugesägten Stücken erkennen wir im Querschnitt schön, dass das Innere des Zweiges weich und leicht einzudrücken ist. Die Rinde lässt sich einfach mit den Fingern ablösen. Mit einem Stöckchen stechen wir nun das weiche Innere, das Holundermark, aus dem Zweig.

Ganz glatt schleifen

Mit dem Schleifschwamm glätten wir insbesondere die Sägekanten, bis sie ansehnlich weich und rund sind. Das fertige Werkstück soll sich ganz glatt anfühlen.

Schlicht – oder lieber bunt?
Die geschliffenen Holunderröhrchen können wir nun auf einen Wollfaden oder ein Lederband ziehen. Wer es lieber bunter mag, der muss nicht lange nach hübschen Farben suchen, denn sie wachsen sozusagen vor unserer Nase!

Grün aus Holunderblättern
Wir zerquetschen ein Holunderblatt und reiben mit dem austretenden Saft das helle Holunderröhrchen ein. So entsteht ein hübsches Grasgrün.

Rot aus Holunderbeeren
Zerdrückte Holunderbeeren ergeben einen schönen Rotton. Die Farbstoffe sitzen übrigens nicht im Saft der Beere, sondern an der Schale: Deshalb kräftig die Schale zerdrücken. Dies färbt auch die Finger intensiv rot, lässt sich aber mit Seife und Wasser leicht entfernen.

Fertige Holunderkette
Den getrockneten Holunderschmuck noch auf ein Band fädeln – fertig ist die Holunderkette

Pusteröhrchen und Flöte

Das kannte früher jedes Kind: Pusteröhrchen, gefertigt aus Holunderzweigen und bestückt mit getrockneten Erbsen als Munition. Geübtere schnitzten sich Flöten aus hohlen Zweigen und besonders bei Mädchen beliebt war die Herstellung von Holunderschmuck. Beim Fertigen dieser kleinen Kunstwerke wehte den Kindern frische Luft um die Nasen, nebenbei hüpfte vielleicht ein Feldhase vorbei oder eine neugierige Goldammer näherte sich, um dem ruhigen Tun zuzuschauen.

Freie Naturwerker

Wie beschäftigt man gleichzeitig bis zu 40 Kinder im Alter zwischen drei und zwölf Jahren über einen Zeitraum von zwei bis drei Stunden? Wohlgemerkt ohne Hüpfburg oder dergleichen. Unser örtlicher Naturschutzverein plante anlässlich eines Jubiläums ein großes Fest. Natürlich waren auch alle Kinder eingeladen. Die Frage war nur, was tun mit den Kindern, wenn im großen Festsaal (im Gewächshaus) Reden gehalten und gleichzeitig gespeist wird? Auf jeden Fall sollte beim Kinderprogramm auch die Natur mit im Spiel sein. Es gab viele gute Vorschläge, wie Windräder basteln oder Windlichter bekleben, doch wurde uns schnell klar: Solche Bastelarbeiten füllen kaum einen Zeitraum von mehreren Stunden aus und begeistern sicherlich nicht alle Altersklassen gleichermaßen. Da kam uns eine Idee: Wir lassen die Kinder einfach selbst entscheiden, was sie basteln wollen, und stellen ihnen nur das Material und einen attraktiven Arbeitsplatz zur Verfügung. Schauen Sie selbst, was dabei herausgekommen ist.

Material, beliebig veränderbar

- Baumscheiben (Förster/Sägewerk)
- Moos
- Weidenzweige, Gräser und Blumen
- Federn
- Kastanien
- Rinde
- Muschelschalen und Schneckenhäuser
- Korken
- Glassteine (Bastelbedarf)
- Nägel, ca. 3 cm lang
- schnell trocknender Holzleim
- Blumendraht
- Wolle in verschiedenen Farben
- Bretter, ca. 10 x 20 cm
- Farben (wichtig: auswaschbare, wasserlösliche Farben verwenden, z. B. mit Wasser angerührte Pigmente aus dem Naturstoffbauhandel)
- mehrere Hämmer, Zangen, Handbohrer
- Pinsel

Das Werk vieler Hände: Material sammeln

Alles, was wir an Naturmaterial zur Verfügung stellten, hatten die Vereinskinder in den Wochen vor dem Fest gesammelt: Die einen brachten schöne Muschelschalen und Schneckengehäuse aus dem Urlaub am Meer mit, andere sammelten Kastanien und Rinde vor der Haustür oder schnitten Weidenzweige und Gräser am Bach. Es gab hierfür keine Vorgaben, kein Richtig oder Falsch: Die Kinder durften das sammeln, womit sie gerne arbeiten wollten. Was dann noch fehlte, brachten wir Erwachsenen aus dem Werkraum zu Hause oder aus dem Baumarkt mit.

Kids' Corner

Die verschiedenen Materialien sortierten wir nach Themen geordnet in einzelne Kisten, die vorher mit Packpapier ausgeschlagen worden waren. Gräser, Zweige und Blumen stellten wir in großen Wassereimern bereit. Außer dem Material fanden die Kinder Bierzeltbänke und -tische mit dem benötigten Werkzeug vor. Nun warteten wir gespannt und mit Herzklopfen, ob sich unsere kleinen, uns unbekannten Gäste von dieser Kinderecke begeistern und anziehen lassen würden.

Ponal

Freies Schaffen spornt an

Die Resonanz bei den Kindern – von den ganz kleinen bis zu den großen – war einfach überwältigend. Ohne dass ein Erwachsener Anleitungen oder Vorschläge unterbreitete, wussten sie offenbar intuitiv, was hier zu tun war. Die einzige Frage, die sich ihnen stellte, war die, ob hier wirklich jeder mitmachen durfte. Natürlich beobachteten wir, ob jemand Hilfe benötigte, z. B. im Umgang mit den Werkzeugen; nicht jedes Kind hatte vorher schon mit Hammer und Bohrer gearbeitet. Wichtig war auch der Aufräumdienst zwischendurch, der dafür sorgte, dass heruntergefallene Nägel wieder in die Packung kamen und dass nicht mehr benötigte Materialreste von den Tischen verschwanden. Den entscheidenden Rest – die Ideen und ihre Umsetzung in einer entspannten Atmosphäre – trugen die Kinder selbst bei.

Als nach zwei Stunden tatsächlich das erste Material ausging, nämlich die Baumscheiben, gingen einige größere Kinder auf Materialsuche und wurden fündig. Aus dem Schuppen am Nachbarhaus durften sie Bretterreste mitnehmen und so fand das begeisterte Schaffen noch lange kein Ende.

Kastanienkunst

Wir kennen wirklich kein einziges Kind, das im Herbst nicht begeistert Kastanien sammelt. Die geschmeidigen braunen Früchte sind einfach zu verlockend! So füllt sich das Weidenkörbchen neben unserer Haustür jeden Oktober aufs Neue schnell mit den schönen runden Früchten. Und jedes Jahr stellt sich wieder die Frage: Was wollen wir damit anfangen? Einen Beutel voll Kastanien bewahren wir neben einem kleinen Vorrat an Eicheln und Nüssen immer für die weihnachtliche Winterfütterung der Tiere im Wald auf. Für das Basteln von Tieren aus Kastanien mithilfe von Streichhölzern braucht man nur sehr wenige Früchte. Da hatten die Kinder eine Idee: „Wir fädeln uns eine lange Girlande für unsere Kinderzimmer!“ Auch als Fensterumrahmung oder als herbstlicher Haustürschmuck sind Kastanienketten gut geeignet. Und wer zum Auffädeln einen stabilen Draht wählt, der biegt daraus fantasievolle Kastanienkunstwerke.

Material

■ Kastanien und evtl. weitere Herbstfrüchte wie Eicheln und Hagebutten ■ Hand- oder Akkubohrer ■ Unterlage aus Holz ■ Blumendraht und dickerer Draht (ca. 2–3 mm stark)

Bohren

Das Anbohren der Kastanien erfordert etwas Fingerspitzengefühl, weil die runden, glatten Früchte dabei leicht wegrutschen. Bohren Sie die Kastanien immer am hellen „Auge" an, hier ist die Frucht nicht so glatt. Am besten geht es, wenn eine zweite Person die Kastanie festhält. Kleineren Kindern erleichtert man das Bohren, indem man ein Löchlein vorpiekst – so rutscht der Bohrer nicht so leicht ab.

… und Auffädeln

Hat man einen kleinen Vorrat an Früchten durchbohrt, kann mit dem Auffädeln auf Draht begonnen werden. Wer stabile Gebilde formen möchte, der wählt den dickeren Draht. Für eine Girlande oder eine Kette genügt normaler Blumendraht. Besonders schön sieht es aus, wenn abwechselnd auch Eicheln und Hagebutten aufgefädelt werden. An Anfang und Ende der Kette wickelt man den Draht einmal komplett um die Frucht.

TIPP

Früchte wie Schlehen oder Weißdorn sind zwar sehr hübsch, zum Auffädeln eignen sie sich jedoch nicht so gut: Ihr kleiner, harter Kern im Inneren der Frucht ist nicht leicht zu durchbohren.

Ein Mandala legen

Mandalas – so nennt man kreisförmige Bilder aus sich wiederholenden Mustern. Schon das Malen von Mandalas wirkt sehr entspannend, das Legen aus Herbstfrüchten und -blättern umso mehr. Gerade für unruhige Kinder ist das Sammeln und Ordnen in freier Natur eine wunderbare Beschäftigung, denn sie müssen dabei nicht still auf einem Stuhl sitzen, sondern dürfen sich zwischendurch auf die Suche nach neuem Material begeben.

Trolle aus Filz & Stein

Kinder lieben Steine. Ihre sanften Farben und Muster, ihre unterschiedlichen Oberflächen, mal glatt und weich, mal rau und spitz, lassen der kindlichen Fantasie freien Raum. Hinzu kommt, dass Steine überall zu finden sind: in den Bergen, in Flüssen, am Meeresstrand, am Wegesrand oder inmitten der Stadt.

Um unseren Lieblingsstein in einen Troll zu verwandeln, braucht es nicht viel: etwas Filzwolle, viel Seifenwasser und geduldige, kleine Hände. Während wir unserem Lieblingsstein seine Trollmütze anpassen, verbringen wir viel Zeit damit, ihn zu tätscheln und zu streicheln. So ist ein Steintroll ein wunderschönes und persönliches Geschenk für Freunde oder Verwandte. Wer weiß, vielleicht hat der Troll ja Glück und darf dort in einem echten Steingarten wohnen? In jedem Fall ist unser Steintroll eine schöne Erinnerung an einen der viel zu seltenen, müßigen Nachmittage im Garten.

Material pro Troll

schöner, möglichst von selbst stehender Stein (ca. 15–20 cm hoch) ca. 100 g Filzwolle (am besten gefärbte und ungefärbte) Wasser und Wasserkocher Schmierseife (Drogerie/Reformhaus) große Schüssel und Schneebesen Steinchen, Blüten, Blätter, Stöckchen oder Früchte evtl. Blumendraht oder Wollreste

Der Arbeitsplatz

Beim Nassfilzen ist die Aufteilung des Arbeitsplatzes besonders wichtig: Bewährt haben sich eine „Trocken-Zone" für die kostbare Filzwolle und eine „Nass-Zone" für die Schüssel mit Lauge und planschende Kinderhände. Jeder muss dabei Zugriff auf die Schüssel haben und einen kleinen Vorrat Filzwolle neben sich deponieren. Denn Wolle, die erst einmal feucht und zerklumpt ist, lässt sich nicht mehr verfilzen. Am schönsten ist es, draußen zu filzen. Im Winter geht das natürlich nicht. Dann benötigt jeder zusätzlich eine wasserfeste Unterlage, z. B. ein Plastiktablett, ein Backblech oder eine Automatte.

Die Lauge

Vermischen Sie 2–3 l heißes Wasser mit ca. 3 Esslöffeln Schmierseife. Das Wasser darf natürlich nur so heiß sein, dass sich keiner die Finger darin verbrennt. Richten Sie sich darauf ein, nach und nach weitere Lauge anzumischen. Denn wenn Kinder filzen, geht es meist feuchtfröhlich her.

Untere Schicht aus ungefärbter Wolle

Wir haben die Erfahrung gemacht, dass ungefärbte Schafwolle sich meist besser verfilzen lässt als gefärbte. Deshalb benutzen wir für den „Unterbau" gerne ungefärbte Wolle, erst zum Schluss filzen wir eine farbige Schicht darüber.

Schicht für Schicht: hauchdünn

Nun wird die erste Schicht Filzwolle auf den Stein gelegt, mit etwas Seifenwasser beträufelt, zuerst nur sanft getätschelt, dann sanft gerieben und schließlich „gestreichelt". Anschließend folgt die nächste Schicht, ebenfalls hauchdünn. Dabei Hände und Wolle immer wieder anfeuchten. Durch das Reiben und Streicheln verfilzen die Wollfasern nach und nach und ergeben schließlich einen festen, dauerhaften Wollfilz. Nach etwa fünf Schichten arbeiten wir uns hoch und formen den Zipfel. Haben wir (nach etwa 40–50 Schichten, je nach gewünschter Mützendicke) eine schöne, feste Zipfelmütze geformt, dürfen wir sie ganz fest reiben und rubbeln. Zum Schluss fehlt nur noch die farbige Schicht, auch sie muss natürlich fest verfilzt werden.

Verzierungen

Jetzt lässt sich die Zipfelmütze mit Steinen (mit Blumendraht festbinden), Früchten oder Blättern verzieren. Wer mag, darf seinem Troll auch ein Gesicht aufmalen.

Filzen statt jäten

Nicht nur für Kinder ist das Filzen von Steintrollen im Garten eine entspannende und kreative Beschäftigung. Gönnen Sie sich und der ein oder anderen Freundin einen Nachmittag beim gemeinsamen Filzen im Garten. Dazu passt auf jeden Fall eine Tasse Kaffee oder Tee.

Filz und Stein

Die Gegensätzlichkeit des Materials – das eine kühl und hart, das andere weich, warm und formbar – regt die Fantasie an: Wie lassen sich beide am besten miteinander vereinen und welche Formen ergeben sich? Besonders harmonisch wirkt die Kombination aus naturbelassener, ungefärbter Schafwolle, wie wir sie bei Schäfern bekommen, und Natursteinen in ähnlichen Farbabstufungen.

Auf den Fotos sehen Sie einige der Trolle, die mittlerweile in unserem Steingarten „herangewachsen" sind. Es macht immer wieder Freude, den Wichteln beim Kräutersammeln oder Jäten zu begegnen. Und sie erinnern uns freundlich daran, unseren Garten nicht nur zum Jäten und Harken aufzusuchen, sondern ihn als wundervollen Ort der Erholung zu genießen.

F.H.

Blattkacheln

Blattkacheln formen ist eine wunderbare Schlechtwetter-Naturbastelei mit Kindern: Das Material dafür sammeln wir beim fröhlichen Regenspaziergang – mit einem Ziel vor Augen macht das den Kindern garantiert Spaß. Den Rest finden wir praktischerweise zu Hause in der Küche: Für den einfachen Salzteig brauchen wir nämlich nur Mehl, Wasser, Salz und etwas Öl. Beim Basteln mit Salzteig dürfen die Kinder nach Herzenslust kneten, formen und ausrollen, nebenbei schulen wir ihren Blick für verschiedene Blattformen. Wer weiß denn, wie der Baum dazu heißt? Übrigens ist eine Blattkachel ein sehr schönes Geschenk für einen lieben Freund oder Verwandten.

Blattkacheln

Material

▪ verschiedene Blätter, z. B. von Buche, Eiche und Linde ▪ Nudelholz (oder eine leere, saubere Flasche) ▪ Tusche zum Bemalen ▪ Küchenmixer

Für den Teig

▪ 4 Tassen Mehl ▪ 2 Tassen Salz ▪ 2 Tassen Wasser ▪ 2 Esslöffel Speiseöl

Fix gemixt

Diesen Teig lieben Kinder, denn er ist so einfach (ohne Ei!), dass sie die Zutaten schon ganz allein zusammenmixen dürfen. Einfach Mehl, Salz, Wasser und Öl in eine Rührschüssel geben und kräftig rühren. Fertig ist der Salzteig!

Ausrollen und ein Blatt festdrücken

Bestäuben Sie die Arbeitsfläche großzügig mit Mehl, damit der Teig nicht daran festklebt. Nun dürfen die Kinder den Teig darauf ausrollen und ein Blatt (Unterseite nach unten) gut darauf festdrücken. Besonders gleichmäßig wird der Abdruck, wenn man das Blatt mit dem Nudelholz „platt bügelt".

Abziehen, backen …

Das Blatt nun vorsichtig wieder abziehen. Ist der Abdruck gelungen, wird oben in die Mitte ein Loch gepiekst, damit man die Kachel später aufhängen kann. Die Kachel auf ein mit Backpapier ausgelegtes Backblech legen und ca. 1 ½ Stunden bei 150 °C im Ofen backen.

… und ausmalen

Die fertig gebackenen Blattkacheln können nach dem Abkühlen noch mit Tusche bemalt werden oder man zeichnet nur die Umrisse nach – das sieht besonders hübsch aus.

Blattschlange und Familie Blatt

Mitten auf einer Wegkreuzung im nahen Wald steht eine mächtige Buche mit knorrigen Wurzeln. Schon oft sind wir mit den Kindern beim Spazierengehen an ihr vorbeigekommen. Ausgerechnet an einem kühlen, feuchten Herbsttag spielten sich die Kinder hier fest. Die herbstliche Stimmung wirkte verwunschen und das farbige Laub setzte schöne Kontraste. Erst prokelte Knut ein bisschen mit einem Ästchen an einer Baumwurzel herum, dann begann Frederike Blättchen aufzurollen. So entstanden völlig ungeplant und aus dem Nichts heraus eine bunte Herbstschlange und „Familie Blatt“.

Blattschlange und Familie Blatt

„Nur kurz ein bisschen rumprokeln“, meinte Knut, und Frederike war begeistert von der Idee, die erste Spielpause gleich zu Beginn unserer Wanderung einzulegen. Schon lagen die Rucksäcke am Wegesrand und völlig planlos begannen die Kinder, die mächtige Baumwurzel und die fein zerklüftete Rinde der alten Buche genauer zu untersuchen.

Schon probierten kleine Finger, ob sich herumliegende Ästchen nicht in einen Rindenspalt stecken ließen. Tatsächlich passten sie ganz gut. Nur sah man von all der Mühe leider nicht allzu viel. Könnte man die Ästchen nicht vielleicht mit bunten Herbstblättern umwickeln? Nun hatte Frederikes Spiel ein Ziel – eines, das Knut eindeutig zu mühevoll erschien.

Während Frederike geduldig und selbstversunken Ästchen für Ästchen mit herbstlichen Blättern umwickelte und nach und nach in den Rindenspalt zu stecken versuchte, stocherte Knut zunächst etwas lustlos mit Halmen im Herbstlaub am Boden herum. Plötzlich hatte er mit seinem Halm ein hübsches Blatt aufgespießt und stellte fest, dass es sich ganz gut befestigen ließ, wenn er es noch tiefer in den hohlen Halm schob. So sah es aus wie ein richtiges Fähnchen.

Um die Hände für den Bau des nächsten Fähnchens frei zu haben, steckte er sein erstes Blattfähnchen in einen Rindenspalt. Nun begann auch er, systematisch nach besonders hübschen Blättern und möglichst stabilen Halmen Ausschau zu halten. Behutsam steckte er große und kleine Buchen- und Eichenblätter zu Fähnchen zusammen und arrangierte sie geduldig in seinem Rindenspalt.

Als Knut mehrere Fähnchen in den Rindenspalt gesteckt hatte, bekam sein kleines Naturkunstwerk auch einen Namen: „Guckt mal, das ist die Familie Blatt!“ Gerade als Frederike ihr fertiges Werk zufrieden betrachtete, trudelte plötzlich aus der Baumkrone ein Blättchen herab – um passgenau am Ende ihrer Blattschlange zu landen. „Jetzt hat die Schlange auch einen Kopf“, stellte Frederike keineswegs überrascht und sehr zufrieden fest.

Zwergengärtchen

Wenn im Herbst die Dunkelheit Einzug hält, dann spürten unsere naturverbundenen Ahnen die Anwesenheit von Naturgeistern besonders deutlich. Fast jedes Kind kennt den guten, kleinen Zwerg Tummetott, der in Astrid Lindgrens wunderbarer Geschichte Haus, Hof und Tiere der Menschen beschützt und sie in der Dunkelheit tröstet: „Geduld nur, Geduld, bald wird es wieder Frühling …"
Automatisch verbringen wir nun mehr Zeit mit unseren Kindern drinnen im Warmen. Doch geht damit keinesfalls die schöne Zeit der Naturwerkeleien zu Ende. Auch wenn es draußen ungemütlich ist, lassen sich Kinder in der Regel mit einem konkreten Ziel vor Augen motivieren, dennoch hinauszugehen und durch den Wald zu streifen: Hier dürfen sie das Material für ihre Werkarbeit sammeln. Den Beutel voller Schätze ziehen alle heim ins Warme, um dort ein gemütliches Gärtchen für Tummetott oder für andere, geheimnisvolle Waldwesen zu basteln und damit ein bisschen Licht in die dunkle Jahreszeit zu bringen.

Material

- Tonuntersetzer (Gartenmarkt)
- Ton oder Lehm (Bastelgeschäft oder aus der Natur)
- Knete
- kleine Kerze
- Naturmaterialien wie Moos, Blätter, Zapfen, Eicheln, Stöckchen, Rinde, biegsame Zweige oder Ranken

Einen stabilen Zaun bauen

Damit der „Gartenzaun“ gut steht, kleiden die Kinder zunächst den Rand des Untersetzers mit Ton oder Lehm aus. Hier hinein lassen sich die Stöckchen für den Zaun stecken. Die Zaunpfähle können mit biegsamen Zweigen oder Ranken verflochten werden. Den Boden des Gärtchens haben unsere Kinder mit weichem Moos ausgekleidet; Frederike hat darauf noch eine Hütte aus Rindenstückchen erbaut, die sie ebenfalls in etwas Ton feststeckte. Blätter und Früchte dienen dazu, Zaun und Garten zu verzieren.

Der wohnt hier!

Überlassen Sie es der Fantasie Ihres Kindes, wie der Bewohner des Zwergengärtchens aussehen soll und woraus er erwächst! Knut formte seinen Zwerg aus Ton und verpasste ihm ein zünftiges „Zapfenhütle“. Frederike machte es genau andersherum: Bei ihr wurde aus dem Zapfen der Zwergenkörper und der Kopf aus Ton. Der nächste Zwerg erwuchs komplett aus Ton und Knete ... Lassen Sie sich überraschen, wie der geheime Zwerg Ihres Kindes aussieht.

Ein Licht entzünden

Feierlich ist es und nimmt außerdem Kindern die Furcht vor dem Dunkel, wenn wir mit ihnen hinausgehen und gemeinsam ein Licht entzünden. Unsere Zwergengärtchen wurden an einer Baumwurzel im Garten eingeweiht und stolz bestaunt. Danach mussten die Kunstwerke allerdings wieder mit hinein. Hier durften die Kinder in der Adventszeit regelmäßig ihr eigenes Lichtlein entzünden.

Schneekunst

Schnee ist ein faszinierendes Material für Naturkünstler. Frisch verschneite Landschaften liefern uns einen wunderbar schlichten Untergrund, auf dem auch unscheinbare Steinchen, Rindenstücke oder Früchte deutlich hervortreten. Zugleich ist Schnee ein hervorragender Naturklebstoff, mit dem wir Baumstämmen lustige Gesichter aufkleben oder Steine zu Skulpturen zusammenfügen können. In eine Schneedecke können wir außerdem, ähnlich wie in Sand, Gräser oder Äste aufrecht hineinstecken oder labyrinthartige Wege hineingraben. Bestimmt fällt Ihren Kindern noch viel mehr ein, was sie aus und mit Schnee machen können.

Welche Farben hat der Winter?

Schicken Sie Ihre Kinder auf dem Winterspaziergang durch Wald und Wiese doch einmal auf Farbensuche. Neben der weißen Schneedecke dominieren braungraue und beigefarbene Schattierungen von Rinde, Erde und trockenen Gräsern. Doch gibt es auch im Winter durchaus grüne Blätter sowie immergrüne Nadelbäume und Efeu. Häufig haben unsere Kinder im Dezember noch die leuchtend roten Hagebutten der Wildrosen gefunden. Am Boden ausgelegt, waren am nächsten Tag nur noch wenige davon übrig.

Dafür fanden wir im Schnee die Fußabdrücke der kleinen Diebe: Die Amseln haben sich gefreut, dass die Hagebutten auf dem Boden für sie angerichtet waren.

GRÜN

ROT

Wichtig: Die richtige Kleidung

Schnee eignet sich ähnlich wie Strandsand wunderbar, um darauf oder daraus Bilder zu legen oder zu schreiben. Dazu bedarf es keinerlei Vorbereitung. Kinder können sich in der Regel selbst an ungemütlichen Schmuddeltagen ausdauernd mit ihren Kunstwerken im Schnee beschäftigen. Wichtig ist dabei einzig die richtige Bekleidung. Eine gefütterte, wattierte Hose, wasserfeste Handschuhe und warme Stiefel mit einer extra wärmenden Einlegesohle aus Wollfilz oder mit einer Aluminiumbeschichtung sind ein Muss. Und falls die Handschuhe für ein Naturkunstwerk mal ausgezogen werden müssen, freuen sich kleine, kalte Finger anschließend über eine wärmende Tasse Tee aus dem Rucksack.

Schneehase, Eisfuchs & Co

Eigentlich spazierten wir durch einen winterlichen Wildpark. Viele Tiere waren an diesem Tag nicht zu sehen, vielleicht war es auch ihnen zu ungemütlich. Als dann der Naturfotograf der Familie fasziniert vor einem Luchsgehege „hängen blieb", mussten die „klammen" Kinder irgendwie in Bewegung gebracht werden. Also schlugen wir ihnen vor: „Baut doch einen Schneemann, oder so". Als sich herausstellte, dass der Schnee zu pulvrig war und sich beim besten Willen nicht zu Kugeln rollen ließ, hatten die Kinder eine viel bessere Idee: Statt sich zu grämen, dass nur so wenig Tiere zu sehen waren, bauten sie einfach selber eines – aus Schnee. Welches, das war schnell entschieden. Denn am Wegesrand lag ein wunderbarer Reisighaufen und die Kinder waren sich sicher: „Da drin hält bestimmt ein Igel seinen Winterschlaf!" In den nächsten Tagen fiel wunderbarer „Papp-Schnee" und so folgten unserem Igel viele weitere Schneetiere. Schauen Sie selbst, wie die Kinder dabei einen Eisfuchs kurzerhand in einen heimischen Rotfuchs verzauberten.

Modellieren oder aufbauen?

Wer Tiere aus Schnee bauen möchte, dem bieten sich im Wesentlichen zwei Möglichkeiten: Zum einen kann man vorgehen wie ein Bildhauer, der aus einem groben Klotz feine Reliefs herausschabt und -kratzt. So haben die Kinder es beim Schnee-Igel gemacht: Zuerst schoben sie möglichst viel Schnee aus der Umgebung zu einem großen Haufen zusammen und klopften ihn fest. Erst dann wurden Kopf, Nase und Körper herausmodelliert.
Zum anderen können wie bei der Aufbaukeramik einzelne Schneeteile geformt und anschließend zusammengesetzt werden. Voraussetzung hierfür ist, dass der Schnee gut klebt. Diese Arbeit erfordert deutlich mehr Fingerspitzengefühl und Geduld, da selbst schön pappiger Schnee leicht auseinanderbricht.

Da ist Kooperation gefragt

Naturkunstwerke in Gemeinschaftsarbeit zu erstellen, ist nicht immer einfach. Besonders dann nicht, wenn die kleinen Naturkünstler unterschiedliche Arbeitsweisen bevorzugen. Während Knut impulsiv einen Haufen Stöckchen als Stacheln heranschaffte, um sie flink kreuz und quer im Igelkörper zu versenken, war Frederike noch damit beschäftigt, sorgfältig jeden Stachel auszuwählen und auf die richtige Länge zu brechen – entsprechend war ihr Entsetzen, als sie sah, was Knut da „angerichtet" hatte. Da sind Streitigkeiten nahezu vorprogrammiert. Andererseits bieten gerade solche Gemeinschaftswerke auch in größeren Gruppen die Chance, Kinder zur freundlichen Zusammenarbeit, zu Kompromissfähigkeit und Toleranz anzuleiten.

Fabelhafter Reisig

Reisighaufen sind ein wichtiger Klein-Lebensraum für Tiere: Nicht nur der Igel hält hier seinen Winterschlaf – auch Kröten und Frösche verkriechen sich gern darin. Und dem hübschen Rotkehlchen dient das Gewirr der Äste als willkommener Schutz vor Feinden. Im Frühling baut es vielleicht sogar sein Nest darin. Vielleicht gibt es auch bei Ihnen im Garten, im Hinterhof, im Schul- oder Kindergarten ein Eckchen für einen Reisighaufen? Mithilfe vieler kleiner Hände ist das Schichten ein lustiger Kinderspaß!

Perfekt getarnt

Im hohen Norden und im Hochgebirge, wo die Winter kalt und schneereich sind, da sehen Hasen tatsächlich anders aus als bei uns. So wächst Schneehasen zu Beginn des Winters ein schneeweißes Fell – eine gute Tarnung vor Feinden wie Adler, Fuchs oder Wolf. Auch Robbenkinder tragen, anders als ihre Eltern, ein puscheliges, weißes Fell. So sind auch sie auf den schneebedeckten Eisschollen nicht so leicht auszumachen. In der Tundra zu Hause ist der kleine Eisfuchs. Sein schwarzer Pelz wird im Winter schneeweiß.
Unser Eisfuchs sollte allerdings ein richtiger, heimischer Rotfuchs werden und so sprühten wir ihn kurzerhand mit Wasserfarben an.

Material

- Sprühflasche
- Wasser und wasserlösliche Pigmente

Stück für Stück

Es wurde ein langer Nachmittag im Schnee, nachdem Frederike sich zum Ziel gesetzt hatte, einen Pinguin zu formen, der auf einer Schildkröte reitet. Doch der Schnee war schön klebrig und so wurde Teil für Teil geformt. Die größte Schwierigkeit bestand darin, Flügel und Nase am Pinguin zu befestigen, ohne sie dabei zu zerbrechen. Und wir wissen heute zum Glück nicht mehr, wie viele Flügel und Nasen Frederike formen musste, bis es endlich gelang.